Oldenbourg Interpretationen

Herausgegeben von
Klaus-Michael Bogdal und Clemens Kammler

begründet von
Rupert Hirschenauer (†) und Albrecht Weber

Band 77

Sten Nadolny

Die Entdeckung der Langsamkeit

Interpretation von
Ralph Kohpeiß

Oldenbourg

Die Seitenzahlen in Klammern beziehen sich auf folgende Taschenbuchausgabe: Sten Nadolny, Die Entdeckung der Langsamkeit, München: Piper 1983 u. ö. (Taschenbuch SP 700)

Die Deutsche Bibliothek – CIP-Einheitsaufnahme

Kohpeiß, Ralph:
Sten Nadolny, Die Entdeckung der Langsamkeit :
Interpretation / von Ralph Kohpeiß. –
1. Aufl. – München : Oldenbourg, 1995
(Oldenbourg-Interpretationen ; Bd. 77)
ISBN 3-486-88676-2
NE: GT

1. Auflage 1995
Unveränderter Nachdruck 99 98 97 96 95
Die letzte Ziffer bezeichnet das Jahr des Drucks.

Lektorat: Ruth Bornefeld
Herstellung: Karina Hack
Umschlaggestaltung: Klaus Hentschke
Gesamtherstellung: Wagner GmbH, Nördlingen

ISBN: 3-486-88676-2

Inhalt

Vorwort

Die Kritik an einer reduktionistischen, d. h. einseitig technisch-ökonomischen Fortschrittskonzeption, die weit ins 19. Jahrhundert zurückreicht und einen Höhepunkt in Max Horkheimers und Theodor W. Adornos *Dialektik der Aufklärung* (1944) fand, gelangte in Deutschland vor 1970 kaum je ins öffentliche Bewußtsein. Die Gründe dafür liegen in der deutschen Geschichte, der schuldhaften Verstrickung in zwei Weltkriege, dem Faschismus und – betrachtet man die Zeit nach 1945 – in Wiederaufbau und Wirtschaftswunder. Diese Blüte in den 50er und 60er Jahren ließ keinen Zweifel an der ‚Richtigkeit' der politischen und kulturellen Grundorientierungen aufkommen. Erst seit den großen wirtschaftlichen Rezessionen in den 60er und 70er Jahren, seit der Studentenbewegung und den politischen Erfolgen der ‚Grünen' bricht sich langsam die Erkenntnis bahn, daß unsere so gepriesene Wohlstands- und Fortschrittskultur gravierende Schattenseiten hat. Waren die irreversiblen Folgen eines rücksichtslosen Umgangs mit der Natur schon in den 60er Jahren unübersehbar, so geraten in jüngster Zeit zunehmend auch die sozialen Folgen einer dem Primat von Ökonomie und Technik unterworfenen Gesellschaft in den Blick.

Sten Nadolny geht in seinem Roman *Die Entdeckung der Langsamkeit* zum Ausgangspunkt unserer modernen Industriekultur zurück. Er zeigt am Beispiel der Geschichte des britischen Entdekkers John Franklin, wie sich das Prinzip Geschwindigkeit als Grundkategorie technischen Fortschritts in der Industriellen Revolution durchsetzt, die Menschen unter einen neuen beschleunigten Rhythmus zwingt, soziale Strukturen zerstört und die Identität der Individuen bedroht. Der eindrucksvolle Publikumserfolg der *Entdeckung der Langsamkeit* (die Zahl der verkauften Exemplare nähert sich 1994 der Millionengrenze) zeigt, wie aktuell dieser zivilisationskritische Ansatz ist. Legt man das Urteil der Literaturkritik zugrunde, so ist Nadolny freilich nicht nur thematisch, sondern vor allem auch stilistisch ein großer Wurf gelungen, gehört sein Werk zu den besten Romanen, die in der BRD im letzten Jahrzehnt erschienen sind.

Auch wer diesem Urteil nicht zustimmen mag, wird doch anerkennen müssen, daß der Bachmann-Preisträger mit der *Entdek-*

kung der Langsamkeit ein Werk publiziert hat, wie es sich in der deutschen Gegenwartsliteratur nur selten findet: einen Roman nämlich, der eine überzeugende Synthese von hohem literarischen Anspruch und spannender Unterhaltung bietet. Mitzuhelfen, der meisterhaft erzählten Geschichte vom langsamen Entdecker John Franklin, die die Grundlagen unserer Industriegesellschaft in zivilisationskritischer Absicht thematisiert, sowie den Einzug in Schule und Universität zu ebnen, ist das wesentliche Ziel dieses Buches.

1
Autor und Werk

Der promovierte Historiker Sten Nadolny (* 1942), Sohn des Schriftstellerehepaars Isabelle (* 1917) und Burkhard Nadolny (1905–1968), debütierte 1981 mit der Prosaarbeit *Netzkarte*, einem Aussteiger-Roman, der das Taugenichts-Motiv der Romantik in die Moderne transponiert. Kurz vor seinem Abschlußexamen erwirbt der Studienreferendar Ole Reuter eine Netzkarte der Bundesbahn und begibt sich auf eine ziellose Reise kreuz und quer durch die Bundesrepublik. Seine Flucht aus dem geregelten bürgerlichen Leben ist Ausdruck des Protests gegen starre, ritualisierte Denk- und Handlungsstrukturen und die aus diesen abgeleiteten Leistungsanforderungen. Die Netzkarte ist für Reuter ein Symbol der Freiheit und steht für die Möglichkeit, der Enge und der Monotonie des Alltags zu entkommen. Zu den Zwängen, denen sich der Protagonist ausgesetzt sieht, gehört unter anderem die innerhalb der hochtechnisierten Wachstumsgesellschaft geltende Verpflichtung zur Schnelligkeit. Wenn es gegen Ende der Erzählung heißt, man müsse „sehen, daß einiges wieder langsamer wird“[1], so klingt hier bereits das zentrale zivilisationskritische Thema von Nadolnys zweitem Werk, dem Roman *Die Entdeckung der Langsamkeit*, an.

Während die Literaturkritik die *Netzkarte* allenfalls als vergnüglichen Unterhaltungsroman gelten lassen wollte und dem Autor zwar Sprachwitz attestierte, zugleich jedoch auch Oberflächlichkeit vorwarf[2], war das Lob für *Die Entdeckung der Langsamkeit* fast einhellig.[3] Bereits 1980, drei Jahre vor Veröffentlichung des Werkes, erhielt der Autor für das fünfte Kapitel („Kopenhagen 1801“) seines Romans über den britischen Entdecker John Franklin den Ingeborg-Bachmann-Preis. Nach seiner Veröffentlichung im Jahre 1983 wurde das Werk in fast allen bedeutenden Tages- und Wochenzeitungen der Bundesrepublik rezensiert. Hanns Josef Ortheil etwa bescheinigte Nadolny im ‚Spiegel‘, daß er, was die Langsamkeit betrifft, „das wichtigste Buch seit dem nun schon legendären *Kurzen Brief zum langen Abschied*“[4] vorgelegt habe. Dem Autor der *Entdeckung der Langsamkeit* sei endlich gelungen, was die frühen Bücher Handkes versprachen. Er hat die Langsamkeit aus ihrem Gegenwartsmuff befreit, er hat ihr eine notwendige, historisch weit gespannte Dimension gegeben. Zugleich aber hat er die Haltung des modernen Einzelgängers, dieses Fremdsein in der Gegenwart, diese Aussteigerbewegung in die Arktis, nicht nur vorgeführt, sondern sie gegen die erstarrten Systeme des zugreifenden Lebens (der Technik, der Industrie und am Ende – besonders kunstvoll – auch gegen die Politik) gehalten.[5]

Neben der in fast allen Rezensionen zur *Entdeckung der Langsamkeit* betonten thematischen Aktualität, wird Nadolnys Stilkunst hervorgehoben. Die *Entdeckung der Langsamkeit* sei „sprachlich meisterhaft dargeboten“[6], „elegant und sicher“[7] erzählt, ein Buch von „sprachlicher Gewandtheit und Anschaulichkeit“[8], dessen besonderer künstlerischer Rang sich daraus ergebe, daß es dem Autor gelinge, die „Übereinstimmung des Franklinschen Systems mit dem System des Schreibens“ hervorzubringen:

> Auch da [im System des Schreibens] gibt es eine ‚Zeit ohne Stunden und Tage‘, auch da werden Vorgänge verzögert, bis der Verstand sie wahrnehmen kann, und auch da gerinnt die Bewegung zu Einzelbildern, die abrufbar bleiben, solange sie jemand zu sehen verlangt. Die *Entdekkung der Langsamkeit* ist also zugleich eine Entdeckung der Literatur und dessen, was ein ‚langsamer‘ Autor in ihr vermag.[9]

In den großen, überregionalen Zeitungen gibt es – soweit ich sehe – nur *eine* negative Beurteilung des Franklin-Romans. Diese findet sich in der Stuttgarter Zeitung und stammt von Gerhard Stadelmaier. Ihn stört es, daß Nadolnys Werk „so ordentlich hintereinanderweg erzählt ist“. Stadelmaier sieht in der *Entdeckung der Langsamkeit* ein „nur hübsches Buch“, ein „enttäuschendes, letztlich flaches, nur eben ‚handwerklich‘, nie aber literarisch gelungenes Werkchen“.[10]

Was Stadelmaier sich – bezogen auf die Erzählkonzeption der *Entdeckung der Langsamkeit* – wünscht, „mehr Unordnung, mehr Chaos“, bietet Nadolny – allerdings wohl kaum mit Rücksicht auf den Rezensenten der Stuttgarter Zeitung – in seinem Roman *Selim oder Die Gabe der Rede* (1990). Diesem Werk, das sich, thematisch weit ausgreifend angelegt, mit kunstvoll ineinander verflochtenen Handlungssträngen, einer komplizierten Zeitstruktur und Schnitttechniken konzeptionell erheblich ambitionierter gibt als der traditionell erzählte Franklin-Roman, war jedoch weder bei der Literaturkritik noch beim Publikum ein ähnlicher Erfolg beschieden wie der *Entdeckung der Langsamkeit.* Die ersten Kapitel von *Selim oder die Gabe der Rede* stehen in deutlicher Nähe zum Franklin-Roman. Humorvoll-ironisch, mit ruhigem Atem und in klaren, durchgearbeiteten Sätzen werden die Geschichten von Selim erzählt. Er ist ein türkischer Gastarbeiter, der 1965 mit dem Zug nach Deutschland kommt, um am Wirtschaftswunder zu partizipieren. Erzählt wird auch von Alexander, dem bayerischen Gymnasiasten und Bundeswehrsoldaten, der davon träumt, ein großer Redner zu werden. Etwa zweihundert Seiten laufen die Handlungsstränge ‚Selim' und ‚Alexander' nebeneinander her, bevor sie sich im Berlin des Jahres 1967, wo eine ungewöhnliche türkisch-deutsche Freundschaft beginnt, verknüpfen. Diese ersten zweihundert Seiten sind die stärksten des Romans, reich an ironisch-heiteren Episoden und treffenden Menschendarstellungen. Über Selims Wanderung durch die Bundesrepublik von Arbeitsplatz zu Arbeitsplatz entsteht aus der verfremdenden Perspektive eines jungen Türken so etwas wie eine kritische Ideologiegeschichte der 60er Jahre und ein Psychogramm der überehrgeizigen, verbissenen Deutschen. Mit viel Phantasie und großem Einfühlungsvermögen zeichnet der Autor die Figur Selims, des nordwesttürkischen Meisters im Ringen (Bantamgewicht), dessen Offenheit, Unbekümmertheit, Selbstvertrauen und Witz jedermann beeindrucken. Nicht zuletzt auch Alexander, der – ein etwas linkischer Intellektueller – als potentieller Rhetor an Selim vor allem „die Gabe der Rede", die Kunst des Erzählens, bewundert. Selim ist ein begnadeter Geschichtenerzähler, der einen Ringkampf von zwei Minuten Dauer zum Anlaß für eine opulente zwanzigminütige Erzählung zu nehmen weiß.

Wie John Franklin in der *Entdeckung der Langsamkeit* steht auch die Figur des Selim für eine Idee. Repräsentiert die Figur des britischen Polarforschers das ‚Prinzip Langsamkeit', so verweist Selim auf die unerschöpfliche, kreative Potenz des Erzählens. Nadolnys Roman handelt von der Macht des Erzählens, auf die der Romancier selbst baut. Von Selim, dem geborenen Erzähler, lernt Alexander, der Rhetoriker und spätere Besitzer einer gutgehenden Redeschule, daß das Moment des Widerstands innerhalb der spätkapitalistischen Fernseh- und Mediengesellschaft nicht in ausgeklügelten rhetorischen Strategien, sondern einzig in der humanen Kraft des Erzählens zu suchen ist. Selims Erzählkunst schlägt die Menschen in ihren Bann, überwindet Mißtrauen und Vorurteile.

Anders als in seinem Franklin-Roman begnügt Nadolny sich jedoch in *Selim oder die Gabe der Rede* nicht damit, seine Grundidee literarisch zu exemplifizieren. Über die Behandlung des Themas Erzählen hinaus ist ihm daran gelegen, einen Zeitroman zu verfassen. Mit dem Versuch, sich als Chronist der letzten fünfundzwanzig Jahre bundesrepublikanischer Geschichte zu profilieren, verliert der Autor jedoch seinen Erzählrhythmus. Kunstlos reiht er politische Ereignisse und Tendenzen – den Tod Benno Ohnesorgs, die Schah-Demonstrationen, die Regierungsübernahme durch die sozialliberale Koalition, die Ölkrise, die Lorentz- und die Schleier-Entführung und schließlich die ‚Wende' und die Ausländerfeindlichkeit der 80er Jahre – aneinander. Dabei übernimmt er Klischees über die APO und die ‚68er Studenten' ebenso wie solche über Psychotherapeuten und Jungunternehmer. Im Zentrum dieser Darstellung steht der offensichtlich Repräsentativität für die Generation der ‚68er Studenten' beanspruchende Lebenslauf Alexanders, der sich vom APO-Anhänger zum Zyniker, Gammler, Kiffer, Therapiepatienten, Taxifahrer, Lexikonvertreter und schließlich zum Unternehmer und Millionär entwickelt. Angereichert ist das Ganze durch einige Action-Szenen, in denen der Ringer Selim seine Gegner reihenweise aufs Kreuz legt und in James-Bond-Manier eine drogensüchtige sechzehnjährige Prostituierte aus den Fängen der Dealer- und Zuhältermafia befreit.

Im zweiten Teil des Romans, in dem Nadolny im „Vollständigkeitswahn ganze Jahre zeitrafferartig in Schlagzeilen zusammenfassen will"[11], wird immer deutlicher, daß die „Architektur des Ganzen"[12] deutliche Schwächen aufweist. Sten Nadolny, so schreibt Rainer Traub im ‚Spiegel', „hat sich zuviel vorgenommen: eine heimliche Autobiographie, einen Roman über das Erzählen, vor allem aber einen großen Zeitroman. Als Archivar der Gegenwart ist er gescheitert."[13]

Eher reserviert ist die Reaktion der Literaturkritik auch gegenüber Nadolnys neuestem Roman *Ein Gott der Frechheit* (1994), einer mythischen Heldengeschichte, in deren Mittelpunkt der griechische Gott der Frechheit, Hermes, steht. Dieser – nach zweitausendjähriger Gefangenschaft auf der Insel Santorin befreit – mischt sich unter die Menschen und verliebt sich in die neunzehnjährige Helga Herdhitze aus Stendal. Aus der Liebesgeschichte wird bald ein „mythisches Weltmärchen“[14], denn Helga entpuppt sich als Tochter des Vulkan- und Schmiedegotts Hephäst, der in Nadolnys Roman zu einem Technologiegott mutiert ist. Hephäst ist verantwortlich für die Industrialisierung der Welt und steht für das Prinzip einer entseelten, vom Willen zur Macht getriebenen Rationalität. Er haßt Menschen und Götter und sehnt sich danach zu sterben, was ihm, dem Unsterblichen, nicht möglich ist, solange es noch Menschen gibt. Hephäst sucht deshalb die Menschheit zu vernichten, und zwar mittels eines genuin spätkapitalistischen Instruments, der Unterhaltungsindustrie. Er scheitert dabei an seinem Widersacher Hermes, dem Repräsentanten der Individualität, der Lebenslust und der Liebe, dem es gelingt, Hephäst seine Todessehnsucht auszutreiben. Am Ende steht das Lachen der olympischen Götter, die wissen, daß die Erde ohnehin bald von einem riesigen Meteor ausgelöscht wird. Ein mit „fast schülerhaftem Übermut“ geschriebener „humanistischer Propagandaroman“ urteilt Matthias Thibaut in der ‚Frankfurter Rundschau‘[15], und Hubert Winkels findet in ‚Der Zeit‘ noch harschere Worte, wenn er Nadolny vorwirft, er habe den Olymp verblödelt, „bis er ins Slapstickformat des Trivialromans paßt(e)“.[16]

Was Nadolny in *Selim oder die Gabe der Rede* im fiktiven Rahmen exemplifiziert – die Idee von der humanen Kraft des Erzählens –, sucht er in seinen *Münchener Poetik-Vorlesungen*[17] literaturtheoretisch zu begründen. „Wenn etwas Mut macht“, heißt es dort, „einen Mut, der anhält und der kämpfen kann, dann sind es gelungene Geschichten. An diese Geschichten stellt Nadolny Anforderungen, die sein poetologisches Credo verdeutlichen. Es sollen nämlich Geschichten sein

> mit selbständiger Wahrnehmung, nicht solche, die alles schon von woanders her ‚wissen‘. Wer Menschen den Rücken stärken will, sie ermutigen will, sie selbst zu sein und ihr Glück zu suchen, der erzähle keine Programmgeschichten zum guten Zweck, sondern der spinne sein Garn, das den Beobachtungen, Gedanken und Phantasien, so wie sie in seinem Kopf wohnen, wahrhaftig und rücksichtslos folgt.[18]

Vehement wendet der Romancier sich gegen die „guten Absichten“, gegen die „aufklärerisch lizensierten Taten“ des Erzählers.[19]

Hinter diesen, so konzidiert er, können sich wichtige Ziele verbergen, die ein Autor jedoch nur erreiche, wenn er sich davor hüte, „der Literatur bestimmte Aufgaben aufzureden".[20]

In der in Kapitel drei folgenden Interpretation wird zu untersuchen sein, welche Bedeutung dieser poetologische Grundsatz für *Die Entdeckung der Langsamkeit* hat.

Sten Nadolny steht für eine Gruppe zumeist jüngerer Autoren[21], die ohne den programmatischen Aufklärungsimpetus, der in der Dokumentarliteratur der 60er Jahre zum Ausdruck kommt, mit literarischen Fiktionen und gut erzählten Geschichten zivilisationskritische Impulse zu geben suchen.[22] Dabei kommt der Gattung des historischen Romans, die seit Mitte der 70er Jahre eine Renaissance erlebt, eine besondere Bedeutung zu. Die folgende thesenartige Darstellung zu einigen dominierenden Tendenzen der jüngsten Gattungsentwicklung soll die Folie liefern, vor deren Hintergrund eine kritische Auseinandersetzung mit Nadolnys historischem Roman *Die Entdeckung der Langsamkeit* erfolgen kann. Es gilt – ohne daß hier ausführlich auf einzelne Werke eingegangen werden kann –, einige interessante Möglichkeiten, aber auch zentrale Gestaltungsprobleme eines historischen Romans, aufzuzeigen, der – um es mit Umberto Eco zu sagen – anstrebt, nicht versöhnlerisch, hinreichend problemhaltig und dabei amüsant zu sein.[23]

2
Der historische Roman – Anmerkungen zu einer vielgescholtenen Gattung

2.1
Skizze zur Gattungsgeschichte nach 1945

Sten Nadolny steht mit seinem historischen Roman[24] *Die Entdekkung der Langsamkeit* in der Tradition einer Gattung, die nach 1945 ihren Zenit überschritten zu haben schien. War in den 30er Jahren insbesondere von den Autoren des deutschen antifaschistischen Exils noch eine Fülle anspruchsvoller historischer Romane hervorgebracht worden, so erfolgte nach dem Zweiten Weltkrieg der Abstieg der Gattung in die literarische Bedeutungslosigkeit. Die nach 1945 bis Ende der fünfziger Jahre erschienenen historischen Romane[25] lassen sich als Nachtrag zur Gattungsproduktion der dreißiger und vierziger Jahre verstehen. Die vor 1945 erreichten Standards, etwa die erzähltechnische Meisterschaft eines Hermann Broch (*Der Tod des Vergil*, 1945)[26] oder Thomas Mann (*Lotte in Weimar*, 1939), das geschichtstheoretische Erkenntnisniveau eines Alfred Döblin (*Wallenstein*, 1920) oder Bertolt Brecht (*Die Geschäfte des Herrn Julius Cäsar*, 1938) oder die gesellschaftspolitische Aktualität eines Heinrich Mann (*Die Jugend und Vollendung des Königs Henri Quatre*, 1935/38) oder Gustav Regler (*Die Saat*, 1936), wurden jedoch nicht einmal annähernd wieder erreicht. Im wesentlichen handelt es sich bei den historischen Romanen der Nachkriegszeit um biedere Unterhaltungsliteratur, im Umgang mit der Geschichte unreflektiert, privatisierend und personalisierend, ästhetisch konservativ und im Stil epigonal. Dominiert von den Autoren der ‚Inneren Emigration'[27], paßte sich das Genre damit in die literarische Gesamtentwicklung in der BRD ein, die in den ersten zehn Jahren im wesentlichen unter dem Motto ‚keine Experimente' stand.

Läßt sich im Hinblick auf die fünfziger Jahre vom Niedergang des historischen Romans sprechen, so ist für die sechziger Jahre schlicht der Exitus der Gattung zu konstatieren. Die Altmeister, die das Genre nach 1945 zumindest nominell am Leben erhalten hatten, waren nun bis auf einige wenige verstummt. Eine Nachfolgegeneration historischer Erzähler fehlte. Historische Romane, deren Anspruch über die Befriedigung von Unterhaltungsinteressen hinausging, erschienen in den sechziger Jahren – abgesehen von wenigen Ausnahmen wie Peter Härtlings *Niembsch oder der Stillstand* (1964) oder Heinz von Cramers *Die Konzessionen des Himmels* (1961) – nicht mehr.

Wie die Gattung möglicherweise hätte wiederbelebt werden können, zeigte Alexander Kluge 1964 mit seinem ‚Zeitgeschichtsroman' *Schlachtbeschreibung*. In einer Montage aus authentischen und fiktiven Dokumenten – militärische Befehle und Verordnungen, Lageberichte, Protokolle, Korrespondenz, Augenzeugenberichte – schildert der Autor den Untergang der 6. Armee vor Stalingrad. Angeregt von der Montagetechnik der Revolutionsfilme Sergej Eisensteins gliedert Kluge sein Textmaterial durch scharfe Schnitte, die Widersprüche akzentuieren und den Leser herausfordern, Stellung zu beziehen, abzuwägen und zu urteilen.[28] Dem Autor gelingt es auf diese Weise, Geschichte aus der Sicht der unmittelbar Beteiligten zu schreiben, verschiedene Perspektiven gegeneinander zu setzen und damit das Verfahren der historischen Wahrheitsfindung zu problematisieren. Montagetechnik und fiktiver Dokumentarismus, reflektierter Umgang mit der Geschichte und Multiperspektivität rücken Kluges Roman in die Nähe von Bertolt Brechts *Die Geschäfte des Herrn Julius Cäsar*. Zugleich nimmt Kluge – ohne allerdings wie seine Nachfolger das Bewußtsein von der Literarizität seiner ‚Dokumentation' zu verlieren – den Dokumentarismus der späten sechziger Jahre vorweg. In historischen Romanen der siebziger und achtziger Jahre (etwa in den Werken Hans Christoph Buchs, Edgar Hilsenraths und Uwe Timms, s. u.) begegnen wir Kluges Darstellungstechniken wieder.

In Alexander Kluges *Schlachtbeschreibung* wird Geschichte, ähnlich wie in dem vielleicht bedeutendsten deutschsprachigen historischen Roman, Alfred Döblins *Wallenstein*, nicht mehr als sinnvolle Ordnung, sondern als unüberschaubares Nebeneinander von Ereignissen und Strukturen begriffen. Mit dieser in seinem Roman zum Ausdruck kommenden Problematisierung der gängigen Geschichts- und Wirklichkeitsauffassung steht der Autor in den sechziger Jahren nicht allein. Parallelen unterschiedlicher Art finden sich in den Werken von Günter Grass und Uwe Johnson ebenso wie in denen von Helmut Heißenbüttel, Dieter Wellershof und Peter Weiss. Im Zusammenhang mit der ab Mitte der sechziger

Jahre einsetzenden Politisierung der Literatur führte diese Tendenz zur massiven Kritik an überkommenen literarischen Mustern und zum Nachdenken über neue Konzepte. Insbesondere den jüngeren, politisch engagierten Autoren wurde literarisches Erzählen als Entfaltung eines fiktiven, nach bestimmten Sinnsystemen geordneten Handlungsgefüges suspekt. Der episch-fiktionalen Ausrichtung der bürgerlichen Literatur stellte man das Konzept der ‚Authentizität' entgegen, das in der Reportage- und Dokumentarliteratur seinen Niederschlag fand. Für den historischen Roman, der nach gängiger Auffassung für weitläufiges, fiktionales Fabulieren und politische Indifferenz stand, interessierte sich innerhalb der neuen Autorengeneration zunächst niemand.

Der Niedergang des historischen Romans nach 1945 erklärt sich also wesentlich daraus, daß junge ambitionierte Autoren kein Interesse an der Gattung zeigten. Neben der inspirationslosen Praxis der älteren historischen Erzähler, die den schlechten Ruf der Gattung (s. u.) zementierte, und der Nichtrezeption der Exilliteratur, die entscheidende Impulse für eine innovative Weiterentwicklung des historischen Romans hätte geben können, kann der Hauptgrund dafür in der besonderen Situation der Autoren im zerstörten Deutschland nach dem Zweiten Weltkrieg gesehen werden. Für die jüngere Generation begann die Geschichte mit der Katastrophe des Nationalsozialismus, der alle vorausliegenden Epochen aus dem Zentrum der Aufmerksamkeit verdrängte. Gegenstand der meisten Romane jüngerer Autoren, etwa der gesellschaftspolitisch brisanten Werke Hans Werner Richters (*Die Geschlagenen*, 1949), Arno Schmidts (*Aus dem Leben eines Fauns*, 1953), Alfred Anderschs (*Sansibar oder der letzte Grund*, 1957), Heinrich Bölls (*Billard um halbzehn*, 1959) und Günter Grass' (*Die Blechtrommel*, 1959), ist die jüngste deutsche Vergangenheit, die Zeit des Nationalsozialismus.

Von nicht zu unterschätzender Bedeutung für die Entwicklung der Gattung zum „Stiefkind der deutschen Literatur"[29] war zweifellos der schlechte Ruf des historischen Romans als eines vergangenheitsseligen, ästhetisch zweitrangigen literarischen Fossils, das weder den Ansprüchen seriöser Historiographie, noch denen ‚guter' Literatur genüge. Vor allem in den 20er und 30er Jahren des 20. Jahrhunderts hatte es eine heftige Diskussion über Wert und Unwert der Gattung gegeben, in der einige zentrale Einwände gegen den historischen Roman formuliert worden waren, die sich wie folgt zusammenfassen lassen:

- Unseriöser Umgang mit den historischen Fakten.
- Mangel an gesellschaftspolitischer Aktualität (Flucht vor aktuellen Problemen).
- Naive, ideologisch verbrämte, oft heroistische Geschichtsauffassung. (Die Geschichte wird von ‚großen Männern' gemacht.)
- Ästhetischer Konservativismus. (Der historische Roman vermöge auf die Herausforderungen der spätindustriellen Massengesellschaft mit ihren zunehmenden Dissoziationsprozessen – Traditionsbrüche, Werteverfall, Identitätsverlust – nicht mit innovativen ästhetischen Konzeptionen zu reagieren.)

Es zeigt sich nun, daß die hier referierten Einwände und die mit ihnen verbundenen systematischen Aspekte – Umgang mit der Geschichte, gesellschaftspolitische Aktualität, Geschichtsauffassung und ästhetische Konzeption – auch für die historischen Romanciers der Gegenwart von entscheidender Bedeutung sind.

Nachdem der historische Roman in den 60er Jahren völlig aus dem Blickfeld von Autoren und literarischer Öffentlichkeit verschwunden war, entstand etwa ab Mitte der 70er Jahre ein wiedereinsetzendes Interesse an historischen Stoffen und deren Verarbeitung in Großformen der Prosa. Autoren verschiedenster politischer und ästhetischer Richtungen begannen Geschichte, die über Jahre hin kaum mehr Gegenstand der Literatur gewesen war, wiederzuentdecken. Auffällig ist in diesem Zusammenhang, zumindest was die Anfangsphase der Wiederbesinnung auf die Historie angeht, die Nähe zu Positionen der ‚Neuen Subjektivität'. Über den Versuch der Ich-Bestimmung, der auf die Frage nach der eigenen Herkunft stößt, hält die Geschichte wieder Einzug in die Literatur. Zunächst in Form der Auseinandersetzung mit der eigenen Kindheit und Jugend in einer Vielzahl autobiographischer Romane (Thomas Bernhard, Nicolas Born, Wolfgang Koeppen, Christoph Meckel, Fritz Zorn, Unica Zürn) und in der Familienchronik, in der sich Lebensgeschichte des Autors und Zeitgeschichte miteinander verknüpfen (Horst Bienek, Christine Brückner, Ingeborg Drewitz, Walter Kempowski): dann aber auch über den Rekurs auf Lebensläufe historischer Persönlichkeiten, in deren Viten sich Eigenes spiegelt. Die historische Biographie erfreute sich sowohl als Sachbuch als auch als historischer Roman ab Mitte der siebziger Jahre zunehmender Beliebtheit. Geschrieben wurde über Walter von der Vogelweide und Friedrich Hölderlin bis hin zu Gabriele d'Annunzio; vor allem über Dichter, aber auch etwa über ‚große Männer' der Weltgeschichte (Friedrich II. von Hohenstaufen, Hannibal) oder über Frauen, die im Schatten erfolgreicher und berühmter Männer standen (Cornelia Goethe, Elise Lensing[30])[31].

Die Wiederbesinnung auf die Geschichte reduzierte sich freilich nicht auf die historische Biographie, und sie ist über die hier angedeutete Beziehung zur ‚Neuen Subjektivität' nicht zureichend zu erklären. Neben den genannten Biographien erschienen ebenfalls ab Mitte der siebziger Jahre in dichter Folge historische Romane nichtbiographischen Zuschnitts. Kritische Abrechnungen mit dem Verismus der späten sechziger Jahre und zunehmender Unmut über den ‚Solipsismus' der ‚Neuen Subjetivität' öffnen den Blick für die aktuelle Bedeutung der Geschichte, die im Zeitalter der ständigen technologischen, sozialen und politischen Umwälzungen aus dem Bewußtsein der Menschen verdrängt zu werden droht. Man sucht, wie schon in den dreißiger und vierziger Jahren, nach historischen Parallelen für die eigene Situation, verfolgt Entwicklungslinien, die aus der Vergangenheit in die Gegenwart führen, und betrachtet Geschichte als Steinbruch gegenwartsrelevanter Erfahrungen oder gar als magistra vitae. Der Rückgriff auf die Geschichte eröffnet den Autoren der siebziger und achtziger Jahre einen dritten Weg zwischen der ‚Nabelschau' der ‚Neuen Innerlichkeit' und der wesentlich an der Kategorie des politischen Kampfwertes orientierten Reportage- und Dokumentarliteratur. Die Bearbeitung historischer Stoffe bietet eine Fülle weitgehend verdrängter poetischer Gestaltungsmöglichkeiten und weist der dichterischen Phantasie neue Wege. Sie verspricht schließlich in einer Zeit, in der das Interesse der Leser an Geschichte sich etwa in den Verkaufserfolgen populärwissenschaftlicher historischer Sachbücher dokumentiert, auf ein reges Interesse des Publikums und damit auch der Verlage zu stoßen.

Es kann an dieser Stelle keine umfassende Analyse der jüngeren Gattungsentwicklung geboten werden.[32] Wir müssen uns mit einer knappen Beschreibung einiger wesentlicher Entwicklungslinien begnügen. Die Gattungsproduktion der siebziger und achtziger Jahre in der BRD erweist sich, was Inhalte, Thesen und Erzählverfahren der gesichteten historischen Romane angeht, als stark heterogen. Mit Blick auf die oben zugrundegelegten Untersuchungsbereiche (Umgang mit der Geschichte, gesellschaftspolitische Aktualität und Historizität, Geschichtsauffassung, ästhetische Konzeption und Erkenntniswert) lassen sich gleichwohl trotz aller Unterschiede zwischen den Texten einige dominierende Tendenzen erkennen, die zeigen, daß sich die Autoren intensiv mit den referierten Einwänden gegen den historischen Roman auseinandergesetzt haben.

2.2 Der historische Roman der BRD in den 70er und 80er Jahren

Zum Umgang mit der Geschichte

Mit der Integration historischer Dokumente reagieren die historischen Romanciers der Gegenwart auf den Vorwurf der Geschichtsfälschung. Der extensive Rückgriff auf historische Dokumente etwa in den historischen Romanen von Hans Christoph Buch (*Die Hochzeit von Port-au-Prince*, 1984), Peter Härtling (*Hölderlin*, 1977), Edgar Hilsenrath (*Das Märchen vom letzten Gedanken*, 1989), Elisabeth Plessen (*Kohlhaas*, 1979) oder Uwe Timm (*Morenga*, 1978) zeugt zugleich von einer Auseinandersetzung mit der Reportage- und Dokumentarliteratur der sechziger und der frühen siebziger Jahre, deren veristische Programmatik die historischen Romanciers der Gegenwart jedoch nicht übernehmen. Vielmehr betonen die Autoren den ästhetischen Reiz und die besonderen Erkenntnismöglichkeiten der literarischen Fiktion, die Perspektiven und Zusammenhänge deutlich machen könne, welche durch kein historisches Dokument zu erschließen seien.[33]

In Uwe Timms *Morenga* (1978) etwa entwickelt sich die Handlung aus einer multiperspektiv angelegten Dokumentenmontage. Über Generalstabsberichte, militärische Verordnungen und Befehle, Lageberichte, Untersuchungs- und Verhandlungsprotokolle, Gefechtsberichte, Militärkorrespondenzen und Proklamationen, die durch historische, geographische und ethnologische Exkurse ergänzt werden, entwirft Timm ein Bild von der Niederschlagung des Aufstands der Nama und der Hereros in Südwestafrika durch deutsche Truppen in den Jahren 1904–1907. Die Dokumente – so etwa Stellungnahmen verschiedener Politiker und

Militärs zur Frage, ob die Hereros nach dem deutschen Sieg vollständig und planmäßig auszurotten oder als Arbeitssklaven zu benutzen seien (29 ff.)[34] – sprechen für sich und führen dem Leser ein unrühmliches Kapitel der deutschen Geschichte vor Augen. Die Präsentation der Dokumente ist eingebunden in eine Erzählung, in deren Mittelpunkt die fiktive Figur des Unterveterinärs in Diensten der deutschen Armee, Gottschalk, steht. Timm hebt die historischen Dokumente jedoch optisch aus der Darstellung heraus, so daß es möglich ist, historisches Dokument und literarische Fiktion voneinander zu trennen. Ähnlich wie Plessen und Härtling thematisiert Timm immer wieder die Situation des schreibenden Ichs, das aus Dokumenten historische Zusammenhänge herzustellen und sich selbst mit beispiellosem historischen Unrecht auseinanderzusetzen hat. Er involviert den Leser damit in einen Diskurs sowohl über ein Kapitel aus der deutschen Kolonialgeschichte als auch über Probleme des historischen Erzählens.

Durchgängig – aber in unterschiedlicher Form und Intensität – zeigt sich im historischen Roman der Gegenwart die Tendenz, die Begriffe ‚Geschichte' und ‚Wirklichkeit' zu problematisieren. Die Distanz zum historischen Objekt wird ebenso betont wie der konjekturale Charakter jeder Vergangenheitsrekonstruktion.

> Ich bemühe mich, auf Wirklichkeiten zu stoßen. Ich weiß, es sind eher meine als seine. Ich kann ihn nur finden, erfinden, indem ich mein Gedächtnis mit den überlieferten Erinnerungen verbünde. Ich übertrage vielfach Mitgeteiltes in einen Zusammenhang, den allein ich schaffe. Sein Leben hat sich niedergeschlagen in Poesie und in Daten. Wie er geatmet hat, weiß ich nicht. Ich muß es mir vorstellen –. (7)[35]

Die hier zitierte Passage aus Peter Härtlings biographischem Roman *Hölderlin* (1977) zeugt von dem Bemühen um eine subjektive, gleichwohl jedoch methodisch kontrollierte und nachvollziehbare Annäherung an einen historischen Gegenstand. Härtling spricht gleich zu Beginn seines Romans grundlegende Probleme seiner historisch-biographischen Arbeit an: den Mangel an Fakten und die Verzerrtheit und Vieldeutigkeit der historischen Überlieferung. Er betont, daß der Autor sich dem historischen Objekt mit einem spezifischen Vorverständnis nähert, daß er das Material nach Maßgabe subjektiver Entscheidungen sichtet, wertet, arrangiert und interpretiert. Wo genaues Wissen nicht vorhanden ist, verwendet

Härtling in seinem Roman Möglichkeitsformen („Das könnte Köstlin erwidert haben", 17) betont seine Konstruktionsarbeit („Ich lasse ihn mit Karl, dem Halbbruder, über den Galgenberg wandern", 28) oder weist den Leser einleitend zu bestimmten Kapiteln auf den Mangel an Fakten hin („Nicht ein Brief ist erhalten, erzählt die Liebesgeschichte von Hölderlin und Elise Lebret", 167). Durch Kommentare („Das ist erfunden", 59; „die Szene ist gestellt", 291; „In dieser Umgebung lasse ich ihn einen Brief bekommen, den er nicht bekam, und ein Gedicht lesen, das er wahrscheinlich nie kennenlernte", 257) signalisiert der Autor, daß es sich um imaginierte Passagen oder um Szenen handelt, die von der historischen Wahrheit – soweit diese greifbar ist – bzw. vom historisch Wahrscheinlichen abweichen.

Härtling zeigt dem Leser, von welchem historischen Material er ausgeht, involviert ihn in Probleme der Deutung, unterstreicht die Distanz zwischen der zu rekonstruierenden Vergangenheit und seiner Schreibgegenwart durch Reflexionen über die Fremdheit der Historie, über seine (des Autors) spezifischen Verständnisprobleme und über offene und nicht zu beantwortende Fragen an die Geschichte. Dabei bekennt er sich sowohl zum bewußt subjektiven Zugriff auf das historische Objekt als auch zum Nebeneinander von fiction und non-fiction im historischen Roman. Er verficht das Konzept einer offenen Darstellungsweise, die den Übergang vom historischen Dokument oder von der mehr oder weniger gesicherten Erkenntnis zur Konjektur und schließlich zur literarischen Erfindung erkennen läßt. Die durch Anführungszeichen gekennzeichneten historischen Dokumente sind Härtlings Ausgangspunkt und Stimulans für literarische Phantasien.

Sucht Härtling in seinen biographischen Romanen den Begriff der historischen Wahrheit durch ständig wiederkehrende reflexive Einschübe zu problematisieren, so geschieht dies in Hans Christoph Buchs Haiti-Roman *Die Hochzeit von Port-au-Prince* über Techniken der Parodie und der Trivialisierung. Der ‚historiographische' Bericht, mit dem der Roman einsetzt, wird durch den gezielten Einsatz trivialer Versatzstücke unterlaufen und mündet in phantastische Abenteuergeschichten. Der Autor stellt durch dieses Verfahren die Seriosität der historischen Erzählung in Frage. Er deutet an, daß deren Kohärenz sich auf Fiktionen gründet, daß das, was als historische Wahrheit figuriert, letztlich ein Produkt erzählerischer Phantasie ist. Die trivialen Versatzstücke – nach dem Muster des Abenteuer- und Illustriertenromans oder der Filmklamotte gestaltete Passagen – stehen quer zum Kontext und machen eine plane Lektüre der historischen Erzählung, wie sie der traditionelle historische Roman evoziert, unmöglich. Sie werden zum Anlaß des Nachdenkens, zum Ausgangspunkt für die Schaffung von Fiktionsbewußtsein. An die Stelle eines definiten Geschichtsbildes, wie es etwa typisch für den konservativ-christlichen historischen Roman der 50er Jahre ist, tritt damit in den Werken Härtlings und Buchs, die hier stellvertretend für viele andere stehen[36], ein Diskursangebot über den dargelegten historischen Entwurf und über die Probleme des historischen Erzählens.

Gesellschaftspolitische Aktualität und Historizität

Ähnlich wie die historischen Romanciers des Exils suchen die Autoren der siebziger und achtziger Jahre dem Vorwurf des vergangenheitsseligen Rückzugs in die Geschichte durch eine entschiedene Betonung des Gegenwartscharakters ihrer Werke zuvorzukommen. Die dargestellten historischen Abläufe stehen in einem augenfälligen Bezug zur Gegenwart, die diskutierten Fragen und Thesen entstammen der Zeit der Autoren. Die Protagonisten haben mit ihren historischen Vorbildern meist nur Äußerlichkeiten gemein, ihre Gedankenwelt weist sie als Gestalten des 20. Jahrhunderts aus. Das sichert den historischen Romanen thematische Aktualität, führt jedoch zu gestalterischen Problemen, die nur von wenigen Autoren gemeistert werden. Das Verfahren, moderne Ideen der Vergangenheit zu implantieren, kann ohne Zweifel ebenso fruchtbar sein wie umgekehrt, gegenwartsrelevante Ideen aus der Geschichte herauszudestillieren. Der historische Roman verliert jedoch m. E. seinen besonderen ästhetischen Reiz und begibt sich spezifischer Erkenntnismöglichkeiten, wenn die Geschichte auf die Funktion eines Ambientes reduziert wird. Eben diese Tendenz zeichnet sich in einer Reihe von Werken ab. Die gelungensten historischen Romane scheinen mir hingegen jene zu sein, in denen Geschichte in einer Weise auf die Gegenwart bezogen wird, die die historische Spezifik der dargestellten Epoche nicht ignoriert, sondern diese zu beschreiben und zu begreifen sucht und dadurch zu Erkenntnissen und Thesen gelangt, die Erklärungswert sowohl für die Vergangenheit als auch für die Gegenwart besitzen.

Stellvertretend sei in diesem Zusammenhang Edgar Hilsenraths *Märchen vom letzten Gedanken* (1989) genannt.[37] Immer wieder die Analogie zum nationalsozialistischen Völkermord an den Juden herausstellend, beschreibt der Autor am historischen Fall des türkischen Pogroms gegen die Armenier (1915/16) den Ablauf eines Genozids. In dokumentarisch fundierten Passagen zeigt er, wie eine ethnische Minderheit, gegen die wegen ihrer kulturellen und religiösen Andersartigkeit Mißtrauen herrscht, mit Mitteln staatlicher Propaganda zum Volksfeind stilisiert wird. Diesen „Feind" gilt es zu vernichten, indem insbesondere Mitglieder der privilegierten Bevölkerungsschichten aus Gründen des beruflichen Ehrgeizes, des Machtstrebens, des ökonomischen Gewinns und der Autoritätshörigkeit übereifrig darangehen, die Hetzparolen in blutige Tatsachen umzuwandeln. Der Darstellung des Genozids an den Armeniern gewinnt in Hilsenraths Roman insofern Exempelcharakter, als immer wieder ins Bewußtsein des Lesers gehoben wird, daß der beschriebene Mechanismus sich zu verschiedenen Zeiten und in unterschiedlichen Regionen der Erde wiederholt hat und sich vermutlich auch zukünftig wiederholen wird.

Geschichtsauffassung

In den historischen Romanen des Exils wie auch in jenen der ‚Inneren Emigration' und der fünfziger Jahre vollzog sich die Adaption von Weltanschauungsgebäuden und Ideen – aufklärerische Vernunfts- und Fortschrittskonzeption, Marxismus, christlicher Glaube –, die Erklärungen für historische Abläufe anbieten und zugleich Hoffnung auf eine bessere Zukunft aufscheinen lassen. Die Gegenwartsautoren begegnen geschlossenen Denksystemen solcher Art mit deutlicher Reserve. Ihr Ziel ist es nicht, in belehrender Absicht ‚Programmgeschichten'[38] darzubieten, die die ‚Bewegungsfreiheit des Lesers' stark einschränken.[39] Eher geht es darum, die Selbstverständlichkeit, mit der bestimmte Auffassungen über Sinn und Ziel der Geschichte vertreten werden, zu irritieren.

An die Stelle weitgreifender historischer Erklärungssysteme treten in den historischen Romanen der Gegenwart ideologiekritische Analyse und nüchterne Bestandsaufnahme. Die Autoren registrieren Not, Armut, Versklavung, Mißhandlung, Vertreibung und Ermordung von Menschen zu verschiedenen Zeiten und in unterschiedlichen Regionen der Welt. Geschichte wird dabei aus der Sicht der Ausgebeuteten und Unterdrückten oder ihrer Parteigänger gesehen, so etwa aus der Perspektive der gehetzten und gefolterten Armenier in Edgar Hilsenraths *Das Märchen vom letzten Gedanken;* der gedemütigten und mißhandelten Nama und Hereros in Uwe Timms *Morenga;* der geschundenen und versklavten Haitianer in Hans Christoph Buchs *Die Hochzeit von Port-au-Prince;* der Soldaten in den Schützengräben des Ersten Weltkrieges in Walter Kempowskis *Aus großer Zeit* oder der bis aufs Blut ausgebeuteten deutschen Bauern im sechzehnten Jahrhundert in Elisabeth Plessens *Kohlhaas.* Die Betrachtung der Geschichte aus der Perspektive der Opfer geht einher mit einer von Skepsis geprägten Geschichtsauffassung, die durch fortschritts- und zivilisationskritische Positionen fundiert ist. Was Peter Sloterdijk in seiner *Kritik der zynischen Vernunft* herausstellt – daß wir zwar nach wie vor historisch denken, aber längst daran zweifeln, „in einer sinnvollen Geschichte zu leben“[40] – gilt auch für jene Gegenwartsautoren, die in ihren Werken Geschichte zum zentralen Gegenstand machen. Historische Kontinuitätsannahmen werden nicht preisgegeben, doch sind es durchweg negative Kontinuitäten, die die Autoren beschreiben. Geschichte erscheint als Panorama von Niedertracht und Brutalität, Ausbeutung und Unterdrückung. Beispiele politischen Handelns, das zur dauerhaften Beseitigung historischen Unrechts führt, finden sich ebensowenig wie politische Theorien und Strategien, an denen sich ein Kampf für Humanismus und Gerechtigkeit orientieren könnte. Die in den neuen historischen Romanen dominierende skeptische Geschichtsbetrachtung ist unterschiedlich motiviert. Die Begründungen reichen von der radikalpessimistischen These Horst Sterns (*Mann aus Apulien,* 1986), daß der Mensch ein mißratenes Projekt der Evolution sei, über den Hinweis auf unüberwindliche Machtkartelle, die Ausbeutung und Unterdrückung festschreiben (Hans Christoph Buch: *Die Hochzeit von Port-au-Prince;* Uwe Timm: *Morenga;* Gerhard Köpf: *Die Erbengemeinschaft*). Sie gipfeln in der Auffassung, daß die Verselbständigung bestimmter Ideen, Strukturen und Handlungsmuster (Rationalismus, Konkurrenzprinzip, blinder Fortschrittsglaube, Geschwindigkeits- und Leistungsfetischismus, männlicher Größenwahn) Inhumanität und Unfrieden produzierten und perpetuierten (Ludwig Harig: *Rousseau;* Peter Sloterdijk: *Der Zau-*

berbaum; Hermann Lenz: *Die Begegnung,* 1979; Günter Grass: *Der Butt,* 1977).

Die Protagonisten der meisten neueren historischen Romane bewegen sich in historischen Welten, die wenig Anlaß bieten, auf eine Entwicklung der Geschichte zu hoffen, die zu Frieden, Freiheit und Humanität führt. Doch obwohl die fiktiven Welten von einer Fülle egoistischer, habgieriger, grausamer und bornierter Menschen bevölkert sind, obwohl Ausbeutung und Unterdrückung dominieren, hält sich ein Residuum historischer Hoffnung. Die Autoren teilen – so scheint es – weitgehend die historische Skepsis ihrer Protagonisten, konterkarieren diese jedoch durch ein fideistisches Moment – den Glauben an die wertvollen Potentiale in den Menschen, der durch das Beispiel der Romanhelden selbst genährt wird.[41] Kohlhaas' Sensibilität, Aufrichtigkeit und Zivilcourage (Elisabeth Plessen: *Kohlhaas*); Hannibals Mut, Besonnenheit und Philanthropie (Gisberg Haefs: *Hannibal*); Hölderlins Kreativität und tiefe Humanität (Peter Härtling: *Hölderlin*); Gottschalks Gerechtigkeitssinn und Anteilnahme am Leiden seiner Mitmenschen (Uwe Timm: *Morenga*) stehen für die positiven Anlagen des Menschen, die sich zwar unter den Bedingungen von Ausbeutung und Unterdrückung nur unvollständig entfalten können, gleichwohl jedoch einen Ansatzpunkt für eine vage Hoffnung auf eine von Frieden und Humanität bestimmte Zukunft liefern. In der positiven Darstellung der Helden zeigt sich das Festhalten am bürgerlichen Begriff des Individuums, das Autoren wie Bertolt Brecht, Walter Jens, Siegfried Kracauer und Alain Robbe-Grillet bereits in den 30er, 40er und 50er Jahren angesichts der Strukturen der modernen industriellen Massengesellschaft als anachronistisch kritisierten.[42] Die starke Stellung des Protagonisten als Sinn- und Handlungsträger verknüpft sich zuweilen mit Idealisierungs- und Heroisierungstendenzen.

Das gilt etwa für den *Hannibal* von Gisbert Haefs. Haefs stilisiert seinen Protagonisten Hannibal zum Prototypen eines ‚guten Menschen'. Der Karthager ist nicht nur ein genialer, nahezu unbesiegbarer Feldherr, sondern auch ein Mensch von absoluter moralischer Integrität und tiefer Humanität. Er ist in jeder Situation Vorbild für seine Mitmenschen, und seine Auffassungen und Thesen sind unabweislich vernünftig. Dezidiert antiheroisch geben sich hingegen die Werke Hans Christoph Buchs *(Die Hochzeit von*

Port-au-Prince), Gerhard Köpfs *(Die Erbengemeinschaft)* oder Peter Sloterdijks *(Der Zauberbaum)*. Buch etwa legt in seiner Hochzeit von Port-au-Prince am Beispiel der Geschichte Haitis die Muster kolonialer bzw. neokolonialer Unterdrückung frei, die seiner Ansicht nach – wenn auch in gewandelter Form – noch heute bestehen und den Ländern der Dritten Welt die Chance auf eine eigenständige politische und kulturelle Entwicklung und auf die Überwindung katastrophalen sozialen Elends nehmen. Der Autor unterläuft dabei jede Art der Heroisierung und Legendenbildung, indem er die Revolutionshelden Haitis karikiert und trivialisiert, sie zu Comichelden macht, die nicht ernst zu nehmen sind.

Buch hält es für einen zentralen Auftrag der Literatur, Legenden – wie sie politisch auch immer zuzuordnen sein mögen – zu zerstören. Die These, daß es die ‚großen Männer' sind, die Geschichte machen, ist für ihn eine solche Legende, die er konsequent ad absurdum führt. Anders als die Werke Nadolnys, Plessens oder Haefs' ist Buchs Roman nicht von einem Glauben an die Kraft des Individuums geprägt. Das Individuum ist in der von Macht und Profitinteressen geprägten Welt der *Hochzeit von Port-au-Prince* nicht nur zur Bedeutungslosigkeit verurteilt, sondern auch in seiner Identität und Integrität extrem bedroht. Der historische Held verliert in Buchs Werk die zentrale Funktion als poetologische und ideologische Instanz, die er noch in den meisten historischen Romanen des Exils und der fünfziger Jahre innehatte. Im Zentrum der *Hochzeit von Port-au-Prince* stehen in die Gegenwart hineinreichende historische Strukturen, die die Masse der Individuen entwürdigen und ihnen die Chance nehmen, Geschichte mitzugestalten. Die Menschen sind entindividualisiert und fremdbestimmt, paralysiert von Ideologien und instrumentalisiert für die Interessen von Machtkartellen. Der historische Held wird demontiert, die Ideologie des bürgerlichen Individualismus ad absurdum geführt. Buch reagiert damit, wie auch Sloterdijk, Hilsenrath und Köpf, auf die Identitätsbedrohung des Individuums in der spätindustriellen Mediengesellschaft.

Ästhetische Konzeption und Erkenntniswert

Trotz einer von Skepsis geprägten Geschichtsauffassung und des Rückzugs von politischen Ideengebäuden und Strategien hält sich innerhalb der Gattung ein gesellschaftskritisches Engagement. In der Hoffnung, zumindest Sensibilisierungseffekte erzielen zu können, versuchen die Autoren, die Informations- und Erkenntnisfunktion der Literatur mit unterschiedlichen ästhetischen Strategien zu wahren. Generell ist in diesem Zusammenhang eine Öffnung der Gattung gegenüber modernen Erzählkonzeptionen zu konstatieren. In unterschiedlicher Intensität adaptieren die Autoren Techniken des modernen Romans.

Zum Zwecke einer ersten, groben Orientierung lassen sich zwei Textgruppen aus der jüngsten Gattungsproduktion herausheben, denen jeweils eine Reihe von Werken mit ähnlichen erzähltechnischen Merkmalen zuzuordnen ist.[43] Zunächst sind Texte zu einer Gruppe zusammenzustellen, in die zwar moderne Erzähltechniken wie filmisches Erzählen, zwei- oder mehrsträngige Handlungsführung, Vielschichtigkeit der Zeitstruktur, Dokumentage, poetologische Reflexionen, Perspektivenwechsel u. a. eingelassen sind. Letztlich wird jedoch in diesen Texten im wesentlichen traditionell, d. h. illusionistisch, unter Verzicht auf Leserirritationen, mit klaren Rezeptionsdirektiven, Identifizierungsangeboten und Wertzuweisungen erzählt. Dieser Gruppe können u. a. die Romane von Gisbert Haefs (*Hannibal,* 1989), Günter Grass (*Das Treffen in Telgte,* 1979), Erich Hackl (*Auroras Anlaß,* 1987), Walter Kempowski (*Aus großer Zeit,* 1978) Hermann Lenz (*Die Begegnung,* 1978), Hermann Peter Piwitt (*Der Granatapfel,* 1986) und Horst Stern (*Mann aus Apulien,* 1986) zugeschlagen werden.[44] Insbesondere in jenen Texten, die einem biographischen Muster folgen, kann die Umsetzung gesellschaftskritischer Intentionen nicht voll überzeugen.

Dies zeigt besonders deutlich das Beispiel von Gisbert Haefs' *Hannibal.* Haefs' Roman erinnert stark an jenen Typus des historischen Romans, dessen ästhetische Konzeption in der Diskussion, die im Exil 1933–45 über die Gattung geführt wurde, aus guten Gründen scharfer Kritik ausgesetzt war.[45] Wie in den historischen Romanen eines Lion Feuchtwanger, Hermann Kesten, Robert Neumann, Klaus Mann oder Stefan Zweig dominiert auch in diesen neuen Werken eine Geschichtsauffassung, die einzelne idealisierte, heroisierte oder dämonisierte Individuen ins Zentrum rückt. Daraus folgt die Reduzierung historischer Komplexität und Vielfalt auf das überschaubare Muster eines Lebenslaufs. Illusionistische Erzählkonzeption und einsinnige Perspektivführung begünstigen persuasive Argumentationsmuster, ein geschlossenes Geschichtsbild und eine Figurenkonzeption, die Widersprüche glättet, Lücken in der Überlieferung verdeckt und die Distanz zwischen Gegenwart und Vergangenheit durch psychologische Projektionen überspielt.

Dem steht eine Gruppe von Texten gegenüber (u. a. die Werke von Hans Christoph Buch: *Die Hochzeit von Port-au-Prince*, 1984; Ludwig Harig: *Rosseau*, 1981; Peter Härtling: *Hölderlin*, 1977; Edgar Hilsenrath: *Das Märchen vom letzten Gedanken*, 1989; Gerhard Köpf: *Die Erbengemeinschaft*, 1987; Elisabeth Plessen: *Kohlhaas*, 1979; Peter Sloterdijk: *Der Zauberbaum*, 1985 und Uwe Timm: *Morenga*, 1978). Diese Texte sprengen durch Techniken der Montage, der Desillusionierung und der Multiperspektivität die Muster traditionellen Erzählens. Während die Bedeutung der historisch-biographischen Romane Härtlings, Harigs und Plessens wesentlich in einer Erzählkonzeption liegt, die zentrale geschichtstheoretische und poetologische Zusammenhänge transparent macht, gelingt es vor allem Buch, Hilsenrath und Timm auf der Basis moderner Darstellungstechniken Erzählverfahren zu entwickeln. Diese Art des Erzählens ermöglicht nicht nur historische Aufklärung, sondern durch ironische, groteske und parodistische Elemente auch ein hohes Maß an Lesevergnügen. Die Werke dieser Autoren fordern den Leser im Rahmen einer reflexionsakzentuierten ästhetischen Konzeption intellektuell heraus, ermuntern ihn zu eigenen Stellungnahmen und kritischen Urteilen und sind insofern dem Kantschen „Wahlspruch der Aufklärung“, „sapere aude“ („Habe den Mut, dich deines Verstandes zu bedienen“)[46], verpflichtet.

3
„Die Entdeckung der Langsamkeit" – der historische Roman als Medium aktueller Zivilisationskritik

3.1
Der historische und der literarische Franklin[47]

John Franklin wurde als zwölftes und jüngstes Kind von Hannah und Willingham Franklin, einem Tuchhändler, der es zu bescheidenem Wohlstand gebracht hatte, am 15. April 1786 in Spilsby (Lincolnshire) geboren (21).[48] Gegen den Wunsch seines Vaters, der ihn für die Pastorenlaufbahn vorgesehen hatte, entwickelte er sehr früh eine Begeisterung für das Meer und die Seefahrt (24). Über die Empfehlung eines Freundes der Familie wurde er im Oktober 1800 als Vierzehnjähriger in die Royal Navy aufgenommen (25). Bis zum Ende des Britisch-Amerikanischen Krieges im Jahre 1814 arbeitete Franklin unter wechselndem Kommando auf verschiedenen Schiffen, wobei er durch sein navigatorisches Geschick auf sich aufmerksam machte und innerhalb der Ämterhierarchie beständig aufstieg. Nach Kriegsende begann für Franklin eine mehr als dreijährige „period of idleness", währenddessen in ihm der Wunsch reifte, seinen Beruf als Seemann mit dem eines Entdeckers zu verbinden (36). Durch Vermittlung des Naturwissenschaftlers Robert Brown gelang 1818 der Schritt zur Polarforschung (37 ff.). Franklin erhielt die Chance, unter dem Kommando von Kapitän Buchan eines von zwei Schiffen zu befehligen, die über Spitzbergen und Grönland den Nordpol erreichen und von dort einen möglichst direkten Weg zur Behringstraße einschlagen sollten. Die Reise endete jedoch schon nordwestlich von Spitzbergen in Packeis und schwerem Sturm. Nur mit Mühe und schwer beschädigt entkamen die „Dorothea" und die „Trent" den Eismassen (46). Bereits ein halbes Jahr nach seiner Rückkehr nach London (Feb. 1819) wurde Franklin mit einem neuen arktischen Expeditionskommando betraut. Während Leutnant Perry sich zu Schiff der vermuteten Nordwestpassage nähern sollte, war Franklin beauftragt, sich mit seiner Crew über Land und Flüsse möglichst weit nach Nordosten durchzuschlagen (53 ff.). Vom früh einbrechenden arktischen Winter überrascht, wurde die Reise der Männer um Franklin ein

Desaster. „The story of their sufferings is one of the most terrible on human record. Cold, hunger and fatigue broke down even the strongest of the party."[49] Mehrere Männer ließen ihr Leben. Franklin selbst stand kurz vor dem Hunger- bzw. Erschöpfungstod. 1823 publizierte Franklin unter dem Titel *Narrative of a Journey to the shores of the Polar sea in the years 1819, 20, 21 and 22* einen Reisebericht, der die dramatischen und tragischen Ereignisse jener Zeit in minutiöser Weise erzählt und seinen Ruhm als Polarforscher begründete. In der Folge wurde er in den Rang eines Commanders erhoben und in die Royal Society aufgenommen (96 f.).

Im August 1823 heiratete Franklin Eleanor Anne Porden (1797–1825)[50], eine Dichterin, die einen literarischen Salon unterhielt. Am 3. Juni 1824 gebar Eleanor ihrem Gatten eine Tochter, Eleanor Isabelle, „fat, fair and funny" (103). Eleanors ohnehin anfälliger Gesundheitszustand nahm dabei weiteren Schaden. Am 22. Februar 1825 starb sie nicht einmal dreißigjährig (107). Franklin befand sich währenddessen auf einer Flußfahrt in Nordkanada. Diese dauerte bis 1827 und verlief weniger dramatisch, aber was die Kartographierung bis dahin unbekannter Gebiete angeht, erfolgreicher als die vorausgegangene Landreise (1819–22) (118 ff.). Seine kartographischen Leistungen trugen Franklin die Goldmedaille der Geographischen Gesellschaft in Paris und die Ehrendoktorwürde der Universität Oxford ein (1828) (146). 1829 folgte der Ritterschlag (146). Sir John Franklin befand sich nun, dreiundvierzigjährig, auf dem Höhepunkt seines Ruhmes als Polarforscher.[51] Zu dem beruflichen Erfolg kam am 5. November 1828 ein neues privates Glück. Franklin heiratete Jane Griffin, eine Freundin seiner verstorbenen Frau Eleanor (145). In den gleichen literarischen Zirkeln wie Eleanor verkehrend, war Jane eine engagierte Kämpferin für Menschenrechte und soziale Gerechtigkeit. In humanitärer Mission bereiste sie die halbe Welt. Die erfolgreichen und glücklichen Jahre 1828–30 wurden von einer Entwicklung überschattet, an der Franklin schwer zu tragen hatte. Obwohl die öffentliche Begeisterung für die Polarforschung einen Höhepunkt erreicht hatte, hielten sich die politisch Verantwortlichen bei der Vergabe weiterer Kommandos für die Erforschung der Arktis spürbar zurück, weil man an der Verwertbarkeit der Forschungsergebnisse für wirtschaftliche und militärische Zwecke zunehmend zweifelte

(146). Franklin mußte schließlich im August 1830 mit einem militärischen Kommando vorlieb nehmen. Sir John fürchtete zwar, daß dieser militärische Neubeginn das Ende seiner Laufbahn als Polarforscher bedeuten könnte, war jedoch froh, wieder als Kommandant eines Schiffes tätig sein zu dürfen (148). Da nach seiner Rückkehr nach London 1834 ein neues Expeditionskommando nicht zu bekommen war, mühte Franklin sich nach Kräften um eine andere Art der Beschäftigung. Als ihm 1836 der Posten eines Gouverneurs in der australischen Strafkolonie Van Diemen's Land angetragen wurde, zögerte er nicht, zuzugreifen (177). Nach fünfwöchiger Überfahrt, am 6. Januar 1837, erreichte Franklin, begleitet von seiner Frau Jane, die Insel und trat seinen Posten an. Seine Zeit als Gouverneur in Van Diemen's Land stand unter keinem guten Stern. Zwar bemühte Franklin sich, gegen Korruption, skrupellose Geschäftemacherei, hemmungslose Ausbeutung und inhumanen Strafvollzug zu Felde zu ziehen, scheiterte jedoch an den verwickelten sozialen, ökonomischen und politischen Verhältnissen auf der Insel, an den kompromißlos ihre Privilegien verteidigenden herrschenden Cliquen und an seiner eigenen politischen Unerfahrenheit.[52] 1843 kehrte Franklin nach London zurück.

Die Erforschung der Arktis beschäftigte nach wie vor die Öffentlichkeit und stand inzwischen auch wieder in der Gunst der Politik. Während Franklins Gouverneurszeit hatten seine Konkurrenten Back, John und James Ross, Dease und Simpson weitere Fahrten in die Arktis unternommen, um die Frage zu klären, ob es eine befahrbare Nordwestpassage gebe.[53] Man hoffte, daß die nächste Schiffsexpedition, die 1845 entsendet werden sollte, definitiven Aufschluß bringen würde. Herrschte soweit Einigkeit innerhalb der Admiralität, so war strittig, wer unter den in Frage kommenden Polarforschern zum Kommandanten der Expedition ernannt werden sollte (227). Daß der inzwischen fast sechzigjährige Franklin seinen jüngeren Konkurrenten vorgezogen wurde, war zum einen Resultat der Rührigkeit einflußreicher Freunde und zum anderen eine Folge seiner noch immer ungebrochenen Popularität als Pionier der Polarforschung. Am 18. Mai 1845 starteten Franklin und seine Mannschaft in den Norden Kanadas. Keiner von ihnen sollte zurückkehren. Zahlreiche Suchexpeditionen waren nötig, um das Schicksal der zwei Schiffe unter Franklins Kommando zu klären.[54] Noch in jüngster Zeit machte sich eine

Crew auf, um den Ablauf der Katastrophe zu rekonstruieren.[55] John Franklin starb, wie man durch eine aufgefundene Notiz von Kapitän Fitzjames weiß, am 11. Juni 1847 an Bord seines Schiffes. Die eigentliche Tragödie, das Sterben seiner Männer in der arktischen Eiswüste, hat er nicht mehr miterleben müssen (393).[56]

3.2 Grundelemente der Handlung und Charakterisierung des Protagonisten

Nadolnys Roman ist in drei Teile gegliedert, die jeweils bestimmte Phasen der Vita John Franklins behandeln: die Jugend in Spilsby (Kap. 1–5), die Lehrjahre als Seeoffizier und Entdecker (Kap. 6–10) und die Zeit der Reife, in der John Kommandant dreier Expeditionen in die Arktis und Gouverneur der Strafkolonie Van Diemen's Land ist (Kap. 11–19).

Jugend in Spilsby

> John Franklin war schon zehn Jahre alt und noch immer so langsam, daß er keinen Ball fangen konnte. Er hielt für die anderen die Schnur [. . .]. Vielleicht war in ganz England keiner, der eine Stunde und länger nur stehen und eine Schnur halten konnte. Er stand so ruhig wie ein Grabkreuz, ragte wie ein Denkmal. „Wie eine Vogelscheuche!" sagte Tom Barker. (9)[57]

Dies sind die Eingangssätze der *Entdeckung der Langsamkeit.* Der Held des Buches, John Franklin, wird dem Leser vorgestellt. Jedoch nicht etwa über eine Darstellung seines Äußeren – der Erzähler läßt auch im folgenden kaum etwas über das Erscheinungsbild des Protagonisten verlauten[58] –, sondern über den Hinweis auf die auffälligste Eigenschaft des Jungen aus Spilsby: die Langsamkeit. Diese nämlich bildet den Ausgangspunkt einer kritischen Auseinandersetzung mit einer kulturellen Dominante der jüngeren abendländischen Geschichte: der seit der Industriellen Revolution sich herausbildenden hektischen, unreflektierten Jagd nach Fortschritt, der Setzung von Geschwindigkeit als Wert an sich. Die Hauptfigur wird im Hinblick auf eine solche Zivilisationskritik konzipiert. Das Interesse des Autors liegt nicht darin, eine größtmögliche Annäherung seines Helden an den historischen John Franklin zu erreichen.

Über die Darstellung der Jugendjahre in Spilsby lernt der Leser den Protagonisten mit allen seinen wesentlichen Eigenschaften und Charakteranlagen kennen und erhält zugleich eine Einführung in das Thema ‚Langsamkeit'. Die Schilderung bestimmter Geschehnisabläufe aus der Perspektive Johns vermittelt einen Einblick in dessen besondere Wahrnehmungsdisposition:

> Er sah nicht genau, wann der Ball die Erde berührte. Er wußte nicht, ob es wirklich der Ball war, was gerade einer fing, ob der, bei dem er landete, ihn fing oder nur die Hände hinhielt. (9)

Die Langsamkeit erscheint anfangs als schweres Handicap. John bleibt von vielen Dingen ausgeschlossen. Das Geschehen um ihn herum, „das Spiel, das Sprechen der anderen [...]" (10) ist zu schnell, als daß er ihm folgen oder es gar verstehen könnte. Nicht selten entgeht ihm das Entscheidende. Wie ein „Schiffsrumpf" hat John eine ihm eigene, deutlich unter der seiner Mitmenschen liegende Geschwindigkeit, die er nicht zu überschreiten vermag (58). In einer den Fetischen Geschwindigkeit und Fortschritt huldigenden Gesellschaft wird er damit zum hilflosen Außenseiter.

Schon als Kind muß er erfahren, wie eine verständnislose, aggressive Umgebung seine Schwäche zum Anlaß nimmt, ihn zu verspotten und zu mißhandeln. Von seinen Spielkameraden als „Vogelscheuche" (9) „Tranfunzel" (14) und „Schwachkopf" (16) tituliert, wird er verprügelt und mißhandelt (14 ff., 16 f., 19 f., 26 f.). In seiner Familie findet John kaum Unterstützung und Hilfe. Seine Geschwister „waren ungeduldig, und sie waren nicht gern seine Geschwister" (18). Die Mutter ist hilflos und duckt sich ängstlich vor dem aggressiven, ständig betrunkenen Vater (20). Dieser verachtet seinen langsamen Sohn, billigt nur dem Starken ein Lebensrecht zu und pflegt John immer dann, wenn er geschunden von seinen Kameraden heimkehrt, „ordentlich [zu] verdreschen]" (16), eben weil er sich hat schinden lassen. Menschen erscheinen dem kleinen John so zuweilen als aggressive Bestien mit „fletschenden Zähnen" (15). Die trostlose Jugend ist integraler Bestandteil einer Figurenkonzeption, die den Helden zum stigmatisierten Außenseiter stilisiert, der mit ungeheurer Energie aus seiner Not, der Langsamkeit, eine Tugend macht.

Der historische John Franklin war weder außerordentlich langsam, noch hatte er eine für seine Zeit und soziale Herkunft ungewöhnlich harte Jugend zu durchleben. Er war kein stigmatisierter Außenseiter, sondern „a chubby Cherub, round-faced and round-headed“[59], der sich durchzusetzen wußte und unter seinen Kameraden anerkannt war. Daß der kleine John an der inhumanen Umgebung innerhalb der Romanwelt nicht vollends zerbricht, liegt wesentlich an zwei Dingen. Zum einen an seinem Urvertrauen, d. h. seiner Fähigkeit, sich auch unter schwierigsten Bedingungen die Hoffnung auf Besserung zu bewahren („Nichts konnte John elend machen, seine Hoffnung war die eines Riesen“ 32); zum zweiten daran, daß ihm neben der Fülle von Negativfiguren immer wieder Menschen begegnen, die sich ihm gegenüber verständnisvoll und freundschaftlich verhalten. Einer dieser Menschen ist sein Onkel, der Seemann und spätere Kapitän Metthew Flinders.

Metthew erzählt John vom Meer und von der Seefahrt und verspricht dem Jungen, ihn eines Tages als midshipman mit auf sein Schiff zu nehmen. Dies ist fortan Johns Hoffnung, die ihm über alle Unbilden der Internatszeit in Louth hinweghilft (29 ff.). Hier, wo den Schülern mit Drill, psychischem Terror und Prügeln jene Dinge eingebläut werden sollen, die als gesellschaftlich relevant gelten, trifft John auf Dr. Orme, den einzigen Lehrer im Internat, der nie brüllt oder prügelt (34). Dr. Orme interessiert sich aus wissenschaftlichen Gründen für Johns besonderen Fall (44). Mit Experimenten versucht er, die Langsamkeit seines Schülers zu erforschen (126/27). In seiner Abhandlung *Die Entstehung des Individuums durch Geschwindigkeit* erhebt er Franklins besondere Eigenschaft zur Grundlage zivilisationskritischer Überlegungen (207 f.). Wichtiger ist jedoch zunächst, daß er es John durch ein Empfehlungsschreiben an die Marine (55) ermöglicht, Seemann zu werden.

Lehrjahre als Seemann und Entdecker

Schon in der zitierten Eingangspassage des Romans (s. o.) wird nicht nur auf Johns außergewöhnliche Langsamkeit hingewiesen, sondern auch auf die Vorzüge, die sich mit seiner Eigenart verbinden. John ist gründlicher, geduldiger und beharrlicher als seine Mitschüler. Deutlich wird immer wieder, daß Johns Langsamkeit untrennbar mit einer besonderen Beobachtungsgabe verknüpft ist, die, wie Dr. Orme später in seiner Abhandlung schreibt, darauf beruht, daß der Schüler Franklin „die Vollständigkeit zugunsten der Einzelheit (opfert)" (208). Dies erlaube es ihm, „alles einzigartige und die allmählichen Entwicklungen besser [zu] erfassen" (208). Die These Dr. Ormes wird bereits zu Beginn des Romans belegt. Der Erzähler berichtet von einer Waldwanderung, auf der die Internatsschüler sich verirrt hatten. Einzig John, der die „allmählichen Veränderungen [...], den Sonnenstand, die Steigungen des Bodens" (22) beobachtet hatte, wußte den Weg zurück. Johns Fähigkeiten bleiben jedoch ungenutzt, und er wird sich ihrer kaum bewußt, weil die „kleinen Könige des Schulhofes" nicht genügend Geduld aufbringen, ihm zuzuhören (22).

Erst als er den Ort seiner Sehnsucht erreicht und sich als Besatzungsmitglied „auf einem Schiff mitten im Meer!" (42) befindet, erhält er die Chance, sich selbst zu entdecken und seine reichen Anlagen zu kultivieren. Zwar sieht er sich auch als Volontär auf der Fregatte „Polyphemus" wegen seiner Langsamkeit der Geringschätzung und dem Spott seiner Kameraden preisgegeben (55 ff.), doch bietet ihm die Seefahrt mit ihrem von der Natur vorgegebenen Rhythmus und der begrenzten Geschwindigkeit eine echte Chance, sich zu bewähren. Johns Langsamkeit erweist sich in ihrer Verbindung mit einer besonderen Beobachtungsgabe, Sorgfalt und Ausdauer auf See zunehmend als Tugend. Beim Beobachten des Windes und der Gestirne, der Handhabung von Sextanten, Chronometern und Logleinen, beim Berechnen des Kurses und der Geschwindigkeit macht ihm keiner etwas vor. Sehr bald hat John sich so zu einem außergewöhnlich fähigen und tüchtigen Seemann entwickelt, dem die Kameraden den Respekt nicht länger versagen können. Er selbst erkennt, daß er sich bei sehr vielen Arbeiten auf See besser bewährt als seine hektischen Mannschaftsmitglieder. Franklin gewinnt zunehmend an Selbstvertrauen, was die Voraussetzung für den Weg der Selbstfindung, den er im Folgenden zu beschreiten hat, ist.

Als Held einer nach dem Muster eines Entwicklungsromans konzipierten Erzählung durchläuft er dabei ein ständiges Auf und Ab, gerät er nach Phasen des Erfolges und der Zufriedenheit immer wieder in Krisen, aus denen er aber zumeist gestärkt, versehen mit neuen wichtigen Erfahrungen und Erkenntnissen, hervorgeht. So erweist sich etwa die schwere Krise, in die er fällt, nachdem er während seiner ersten Schlacht einen Angreifer getötet hat (64 ff.), im nachhinein als nützlich, weil sie ihn zu einer Antikriegshaltung und damit zu dem Entschluß führt, nicht die Laufbahn eines Marinesoldaten, sondern die eines Entdeckers und Forschers einzuschlagen (66 ff.). Der Wechsel von Erfolg bzw. Zufriedenheit und Krise wiederholt sich in bestimmten Intervallen und verleiht der Handlungsstruktur etwas Schematisches, zumal sich die Abläufe auch en detail angleichen. Die Bewältigung der Krisen, die konstitutiv für Johns Entwicklung zu einem höheren Niveau der Selbstfindung und der Einsicht ist, verläuft in der Regel in zwei Schritten. Zum einen über eine reflexive Auseinandersetzung mit dem Geschehenen und zum zweiten durch kolossalen Arbeitseifer. Indem John sich in Arbeit verliert, ehrgeizig versucht, neuen Anforderungen standzuhalten und die Menschen von seinen Fähigkeiten zu überzeugen, gewinnt er verlorenes Selbstvertrauen zurück und festigt sich (64 ff. u. 141 ff.; 80 ff. u. 152 ff.; 176 ff. u. 332 ff.).

Zuweilen freilich bedarf es glücklicher Fügungen, damit Franklin aus einer Krise herausfindet (184, 340). Doch das Schicksal läßt den Helden nicht im Stich. Er ist nicht nur tüchtig, sondern hat auch das nötige Quentchen Glück, ohne das er vielleicht zum Kriegsdienst gepreßt und zum Krüppel geschossen oder zu Unrecht der Piraterei bezichtigt worden und in irgendeinem menschenunwürdigen Kerker verschmachtet wäre. Solche Schicksale nämlich erleiden seine Freunde Sherard Lound und Metthew Flinders, Kontrastfiguren zu Franklin, deren Scheitern den glücklichen Lebenslauf des Helden sozialgeschichtlich relativiert. Während seines Aufstiegs in der Hierarchie an Bord verschiedener Schiffe und der Höhen und Tiefen, die er als Seemann erlebt, lernt John, seine spezifische Eigenschaft, die Langsamkeit, zu akzeptieren, ja, sie als besondere Chance zu begreifen. Er läßt sich nicht mehr von der Hektik und Ungeduld seiner Umgebung in die Defensive drängen. Er ist stark genug, sich nicht länger drangsalieren zu lassen, fragt nach und besteht auf Wiederholung, wenn er etwas nicht verstanden hat (156). „Wenn ich erzähle, Sir, brauche ich meinen eigenen Rhythmus“ (108), entgegnet John dem ihn ständig ungeduldig unterbrechenden Kapitän Dance. Dieser ist zunächst erstaunt, hat mittlerweile aber soviel Respekt vor den besonderen Fähigkeiten Franklins, daß er bereit ist, sich dessen Geschwindigkeit anzupassen. John hat seinen eigenen Rhythmus gefunden, und er ist bereit, in die Offensive zu gehen. Es wird „Zeit für ein eigenes Kommando“. (158)

Zeit der Reife

Charakteristisch für den reifen John Franklin ist eine neue Stufe der Selbstgewißheit und der inneren Ruhe:

> Er atmete anders, sein Körper war in Ruhe, sein Kopf war nicht mehr darauf aus, zu verheimlichen [...] John selbst dachte: Ich habe keine Angst mehr. (155/56)

Dem inneren Reife- und Selbstfindungsprozeß korrespondiert sein Weg vom Volontär zum Konteradmiral. Der mit diesem Aufstieg verbundene Kompetenz- und Verantwortungszuwachs ermöglicht die volle Entfaltung seiner Fähigkeiten und Charakteranlagen. Es sind dies neben den schon bekannten Eigenschaften Geduld, Beharrlichkeit, Ausdauer, Fleiß, Gründlichkeit, Forschertrieb und Zuversicht gleichfalls Tugenden, die insbesondere auf dem Boden der Langsamkeit wachsen: Ruhe und Besonnenheit, Fähigkeit zur Selbsteinschätzung und Selbstkritik, intellektuelle Unabhängigkeit, moralische Integrität, Mitmenschlichkeit und Toleranz. Zwar werden auch dem historischen Franklin positive Charakteristika zugesprochen, die teilweise in Deckung mit den genannten Merkmalen des Romanhelden zu bringen sind[60], dennoch war er keinesfalls wie der Protagonist der *Entdeckung* ein in sich ruhender moralischer und intellektueller ‚Riese', dessen Selbstfindungsprozeß in inneren Frieden und Weisheit mündete. Der historische Franklin war – wie sollte es anders sein – ein Mensch mit Stärken und Schwächen, ein Kind seiner Zeit, in manchen Fragen erstaunlich fortschrittlich, in anderen eher konservativ eingestellt (s. u.). Vor allem war er ein tief religiöser Mann, dessen Denken und Handeln stark von seinem christlichen Glauben geprägt war. Seine Zuversicht – im Roman als Grundeigenschaft nicht weiter motiviert – und sein nie erlahmender Arbeitseifer – in Nadolnys Werk Resultat des Versuchs, das Außenseiterschicksal zu bewältigen – sind in Verbindung mit seiner Frömmigkeit zu bringen.[61] Nadolny macht aus dem gläubigen Christen – dies wird insbesondere in den Gesprächen mit Dr. Richardson (213 ff., 234 ff., 262 ff., s. a. 226 f.) deutlich – einen religiösen Skeptiker.[62] Die angepaßte Religiosität läßt sich in das Bild des intellektuell souveränen, in seinem Urteil unabhängigen Mannes, das der Autor zu installieren sucht, nicht einfügen.

Einen vorläufigen Höhepunkt seiner Entwicklung als Seemann und Kommandant erreichte Franklin während seiner ersten beiden

Expeditionen in die Arktis zu Schiff (1818) (185 ff.) bzw. über Land (1819–22) (211 ff.). John vertraut hier ganz auf sich selbst und seinen inneren Rhythmus. Er entwickelt das „Franklinsche System", eine Methode der Lebensbewältigung, die es ihm erlaubt, unter extremen Bedingungen und trotz äußerer Mißerfolge jeder Situation standzuhalten. Als Seemann ohnehin an Kompetenz nicht zu überbieten, erscheint er nun auch menschlich als untadeliges Vorbild. Mit allen zu Gebote stehenden erzähltechnischen Mitteln werden Johns außergewöhnliche fachliche und menschliche Qualitäten herausgestrichen. Die Darstellungsintention scheint dabei durchgängig darin zu liegen, die Überlegenheit einer langsamen, reflektierten gegenüber einer schnellen, hektisch-obsessiven Handlungsweise aufzuzeigen und damit zivilisationskritisch eine Grundorientierung des Zeitalters in Frage zu stellen.

Typisch für diese Absicht ist die folgende Episode: Kommandant John Franklin, erstmals auf Polarexpedition, verliert während einer Fußwanderung über ein Eisfeld mit einem Teil seiner Crew trotz Kompaß die Richtung. Franklin nimmt sich viel Zeit, um über die Ursache des Richtungsverlusts nachzudenken. Unter den extremen Witterungsbedingungen schürt dieses Zögern in der Mannschaft Unmut und Hohn. John läßt sich davon nicht beeindrucken. Mit dem Satz, „‚Ich nehme mir Zeit, bevor ich einen Fehler mache'" (199), begegnet er allen Aufforderungen, blind weiter durch den Schnee zu stapfen. „Mochte auch der Tod bevorstehen, das war kein Grund, eine Überlegung vorzeitig zu beenden." (199) Mit ungeheurer Ruhe reflektiert Franklin die Sachlage und findet schließlich eine Erklärung:

> Das ganze Eisfeld dreht sich. Es ist die einzige Lösung. Deshalb gehen wir im Kreis, auch wenn wir nach dem Kompaß immer in derselben Richtung marschieren. (199)

Weiterzugehen wäre zwecklos. Franklin läßt in regelmäßigen Abständen Musketen abfeuern, bis die Schiffsbesatzung antwortet und dem verirrten Teil der Mannschaft zu Hilfe eilt (200). Der Kommandant hat wie so oft Recht behalten; die Überlegenheit seiner reflektierten Langsamkeit gegenüber dem hektischen Handlungszwang seiner Kameraden ist durch den Handlungsverlauf belegt. In solchen und ähnlichen Situationen erwirbt John sich Anerkennung und Liebe der Seeleute. Selbst jene Männer, die ihn, wie der krankhaft ehrgeizige Offizier George Back, zunächst wegen seiner Langsamkeit geringschätzen und ihn auf See für ein „Handicap“ halten (199), respektieren, ja verehren ihn am Ende (206).

Wie sehr die literarische Aufarbeitung historischer Vorgaben zuweilen im Dienste einer Idealisierung und Heroisierung des Protagonisten steht, zeigt erneut Nadolnys Adaption der ersten Polarfahrt Franklins. Zwei Schiffe der Expedition, die „Dorothea“ unter Captain Bunchan und die von Franklin befehligte „Trent“ waren nordwestlich von Spitzbergen in Packeis und Sturm geraten.[63] Berichten von Besatzungsmitgliedern zufolge war die Situation äußerst bedrohlich[64], wenngleich im Ablauf bei weitem nicht so dramatisch, wie im Roman dargestellt. Nadolny wertet die Rolle Franklins auf, indem er ihn in einer frei erfundenen halsbrecherischen Aktion zum heroischen Retter der vom Packeis bedrohten Dorothea werden läßt (202 ff.). Übergangen wird im Roman hingegen, daß der ehrgeizige junge Franklin, nachdem sich bei einer Inspektion die Schäden an der Trent im Unterschied zur Dorothea als nicht besonders schwerwiegend erwiesen hatten, die Reise allein mit seinem Schiff fortsetzen wollte.[65] Es war dies ein Unterfangen, das wegen des herannahenden arktischen Winters mit außerordentlichen Risiken für die Mannschaft verbunden gewesen wäre und demzufolge von der Admiralität nicht genehmigt wurde.[66]

Durch seine Erfolge gewinnt John kontinuierlich an innerer Sicherheit. Nichts kann ihn aus der Fassung bringen. Mit großer Selbstverständlichkeit und Würde handelt er in jeder Situation gemäß seinem inneren Rhythmus, rational und pragmatisch. Seine Zuversicht ist kaum zu erschüttern. Dies zeigt sich etwa, wenn er als einziger während der ersten Landreise in die Arktis in völlig aussichtsloser Situation, vor Hunger und Kälte fast wahnsinnig, die Hoffnung auf ein Entkommen aus dem arktischen Labyrinth nicht aufgibt (230 ff.). Geduld und Ausdauer erstaunen Freund und Feind, zum Beispiel beim Kampf um Vorräte mit leitenden Beamten in Fort Chipewayn. Trotz unverhohlenen Spotts und entwürdigender Behandlung insistiert Franklin solange freundlich und bestimmt, bis er sein Ziel erreicht hat (220 ff.). Sein Erster Offizier Back hingegen, der „merkte, wie über Franklin gelacht wurde“ (221), verfällt ob der Hinhaltetaktik der Bürokraten abwechselnd in Zornes- und Verzweiflungsausbrüche. „,Daß man uns verspottet, ist belanglos. Ich habe es nie anders erlebt'" (221), entgegnet Franklin auf Backs Vorwurf, er lasse sich zuviel gefallen. Er zeigt damit, daß er als Außenseiter gelernt hat, unabhängig vom Urteil anderer zu bleiben. Geistige Unabhängigkeit und Vertrauen zu sich selbst verleihen John Aura und Würde eines bedeutenden Mannes. Dies zeigt sich z. B., als er mit seiner Mannschaft auf Eskimos stößt (240 ff.), die ihn – obwohl sie die Sprache der Weißen nicht verstehen – sofort als ‚Häuptling' betrachten und wegen seiner gesetzten und besonnenen Art nicht an seinen friedlichen Absichten zweifeln. Hier, wo hektisches Handeln die sich bedroht fühlenden Eingeborenen zu aggressiven Reaktionen hätte animieren können, bewährt sich Johns Langsamkeit erneut, diesmal als Friedensbringerin (242 f.).

Trotz der ihm entgegengebrachten Anerkennung und Verehrung, trotz der äußeren Erfolge verliert der Protagonist nie den Boden unter den Füßen. Zu ihm gehört die Fähigkeit der Selbsteinschätzung und der Selbstkritik. Aus seiner Langsamkeit kann er deswegen eine Tugend machen, weil er weiß, wo seine Grenzen liegen, wo er auf die Hilfe der Schnelleren angewiesen ist (z. B. 243 f. u. 257 f.). Auf der anderen Seite ist ihm sehr wohl bewußt, auf welchen Gebieten er einen Kompetenzvorsprung besitzt. Hier ist er bereit, einsame Entscheidungen zu treffen und strenge Kritik zu üben. Er bleibt dabei jedoch immer sachlich und achtet darauf, daß er niemanden verletzt. John nimmt seine Mitmenschen ernst, so wie er ebenfalls ernst genommen werden möchte. Wie sich selbst, so läßt er auch anderen Zeit und Raum. Er nähert sich den Menschen langsam und hütet sich vor vorschnellen Urteilen. In Gesprächen eweist er sich nicht nur als geistvoller Redner, sondern auch als geduldiger, an seinem Gegenüber aufrichtig interessierter Zuhörer. Sein Kommunikationsverhalten hebt sich damit von dem seiner Mitmenschen, die unter den Bedingungen des Geschwindigkeitszwanges die Fähigkeit zuzuhören verloren haben, positiv ab. Geringschätzung oder Spott, die ihm selbst immer wieder entgegengebracht werden, sind seine Sache nicht. Solche Mittel sind mit seinem moralischen Anspruch nicht zu vereinen.

Sehnt sich der Knabe John – etwa in seinen Träumen (35 f.) – insbesondere deswegen nach Mitmenschlichkeit und Wärme, weil er als Außenseiter Opfer der Stärkeren ist, so offenbart sich während Franklins Lehr- und Reifezeit, wie sehr Humanität ein

Grundzug seines Charakters ist. John verabscheut den Krieg und sehnt sich nach Frieden zwischen den Menschen. Das menschliche Leben stellt für ihn den höchsten aller Werte dar. Niemals möchte er sich wie Kapitän Palmer von der Bridgewater schämen müssen, weil er in einer Stunde der Gefahr seine Kameraden im Stich gelassen hat (113 f.). Selbst Menschen, die ihm übel mitgespielt haben, wie sein Schulkamerad Tom Barker, der sich immer neue Methoden ausdenkt, um ihn zu quälen, oder dem gegen ihn intrigierenden Offizier John Back, begegnet er freundlich und aufrichtig, ohne ihnen etwas nachzutragen (36 ff. u. 206 ff.).

Mitmenschlichkeit, moralische Integrität und aufrichtiges Interesse an der Partnerin bestimmen auch Johns Beziehungen zu Frauen. So nähert er sich etwa der Prostituierten Mary Roos, für die kein historisches Vorbild auszumachen ist, durchaus nicht in der Weise, wie das für Männer seiner Zeit und seines Standes üblich war, sondern mit sehr viel Zärtlichkeit und Verständnis (121 ff.). Die Verbindung mit Jane Griffin, seiner Partnerin während seines letzten Lebensjahrzehnts, ist zwar nicht geprägt durch leidenschaftliche Liebe, jedoch von gegenseitiger Achtung und Respekt. Die beiden gehen sehr zärtlich, behutsam und aufrichtig miteinander um und finden tiefes Vertrauen zueinander (290 ff.). Anders als Franklins erste Frau, Eleanor Porden, die Nadolny wegen ihres Aufklärungseifers karikiert (s. u.), verzeichnet er Jane Griffin nicht. Vielmehr stellt er die couragierte Frau, indem er ihre negativen Eigenschaften tilgt, noch positiver dar, als Zeitgenossen sie gesehen haben.[67] Trotz der tiefen, zärtlichen Beziehungen, die John zu Mary und Jane aufbauen kann, gestaltet sich sein Verhältnis zu Frauen eher schwierig. Seine mit mangelnder Erfahrung in Fragen der Geschlechterbeziehungen gepaarte Langsamkeit läßt ihn bei den Frauen häufig in einem wenig günstigen Licht erscheinen. Gleichwohl ist er sehr bemüht, sein Erfahrungsdefizit auszugleichen (48 ff.). Das geschieht mit der ihm eigenen pragmatischen Nüchternheit, die in pointiert erzählten Passagen ironisiert wird:

> Er blickte Gwendolyn entschlossen an [...]. Plötzlich sah er seine Arme um ihren Nacken gelegt und fühlte seine Nase von einer Haarlocke gekitzelt [...] Gwendolyn machte ängstliche Augen und streckte ihre Hände zwischen seine und ihre Brust. Die Sache war etwas unübersichtlich. Wie dem auch war, er meinte mitten in einer Gelegenheit

> zu stecken, und beschloß seine so tüchtig eingeübte Frage zu stellen: „Bist du damit einverstanden, daß ich dir beiwohne?" „Nein!" sprach Gwendolyn und entschlüpfte seinen Armen. (51)

John vertagt unter dem Eindruck dieses Mißerfolges sein Vorhaben zunächst und wendet sich „Seefahrt und Krieg" (51) zu. Auch seine späteren Versuche, sich dem weiblichen Geschlecht zu nähern, wirken recht ungeschickt und sind behaftet mit einem Grad an Naivität, der in einem eigentümlichen Mißverhältnis zum inzwischen erreichten Niveau seiner inneren Reife steht. Das gilt insbesondere für die ersten Begegnungen mit seiner späteren Gattin, der Hobbydichterin und Aufklärerin Eleanor Porden (162 ff.). Erstmals ist John ‚wirklich' verliebt, und das ist ein Zustand, der nach den Regeln der Navigation nicht zu kontrollieren ist. Er agiert besonders täppisch und erliegt blind dem Charme seiner Angebeteten. Wie das gesamte historische Personal des Romans instrumentalisiert Nadolny auch Eleanor für seine Zwecke. Sie wird gemeinsam mit anderen Figuren der *Entdeckung*, z. B. Maconochie (s. u.) und Flora Reed (176 f.), der Kategorie ‚süffisante Weltverbesserer' zugeschlagen. Eleanor erscheint trotz ihrer Intelligenz und ihres mädchenhaften Charmes als Karikatur einer übereifrigen Aufklärerin, hemmungslos theoretisierend, geschwätzig und selbstgefällig, eine Darstellung, die der historischen Eleanor nicht gerecht wird.[68] Die Verzeichnung der Eleanor scheint ebenso wie die ironisch-karikierende Darstellung aufklärerischer Salondiskussionen (177 ff., 271 ff.) weniger gegen die Anliegen der Aufklärung an sich, als auf die Hybris jener zu zielen, die glauben, über alles reden und alles beurteilen zu können. Franklin hebt sich von diesen Weltverbesserern programmatisch ab. Er vertritt die Ansicht, daß sich jeder nur dort engagieren sollte, wo er nach Maßgabe seines Wissens und seiner Fähigkeiten etwas zu bewegen vermag. Nur selten verläßt Franklin das Terrain, das er beherrscht – die Seefahrt und die Navigation. Lediglich einmal wagt er sich trotz innerer Reserve auf ein ihm unbekanntes Feld, die Politik, wo er folgerichtig scheitert. Der Protagonist der *Entdeckung* muß, anders als der historische Franklin, der keinen Moment zögerte, als ihm der Gouverneursposten auf Van Diemen's Land angeboten wurde[69], zur Politik gedrängt werden. Diese Abweichung von den historischen Gegebenheiten stützt das im Roman installierte

Franklinbild. Der literarische Franklin nimmt den ihm angetragenen Posten eines Gouverneurs in der Strafkolonie nur deshalb an, weil er nach einer langen Phase des vergeblichen Wartens auf ein Expeditionskommando endlich eine neue Aufgabe in Angriff nehmen möchte. Er hofft zudem, bestärkt von Jane, daß das „Franklinsche System" auch auf dem Feld der Politik etwas Positives zu bewirken vermag (292 f.).

Das „Franklinsche System" beruht darauf, Kraft aus der Langsamkeit zu ziehen (235). Es entsteht zunächst aus dem Zwang für den langsamen Außenseiter John, sich in einer hektisch-aggressiven Umgebung zu behaupten, und wird über die Auswertung von Erfahrungen zu einer „Methode des Lebens, Entdeckens und Regierens" (308) fortentwickelt. Dabei erweist es sich zum einen als strategisches Instrument, das es erlaubt, bestimmte Ziele zu erreichen, und zum anderen als Mittel der Humanisierung zwischenmenschlicher Beziehungen. Die Entwicklung des „Franklinschen Systems" vollzieht sich in Analogie zu Johns Selbstfindungsprozeß und zu seinem Aufstieg vom Volontär zum Kommandanten und Gouverneur. Am Anfang steht der Schritt zu Selbstakzeptanz: „‚Ich bin mir selbst ein Freund. Ich nehme ernst, was ich denke und empfinde. Die Zeit, die ich dafür brauche, ist nie vertan.'" (187) Als zentrale Konstituenten des Systems werden sehr bald Selbstkontrolle und Selbstdisziplin erkennbar. John weiß, daß er als Außenseiter besondere Leistungen erbringen muß, um akzeptiert zu werden, und er stellt demzufolge sehr hohe Anforderungen an sich selbst. Dies zeigt sich nicht nur in der Bereitschaft, mit unerschöpflicher Ausdauer zu lernen und zu arbeiten (s. o.), sondern auch in dem Bestreben, all jene Gefühle, die den Erfolg einer Sache gefährden könnten, unter Kontrolle zu bringen. Angst und Panik, so fordert Franklin von sich selbst, sind zu ignorieren. Ungeduld ist zu bekämpfen (240). Larmoyanz ist John fremd. Nie beklagt er sein Schicksal. „‚Wir selbst sind unsere Chance'" (157) hält er dem Zahlmeister der „Bedford" entgegen, der gerade die These formuliert hat, daß für die auf halben Sold gesetzten Marinesoldaten in Friedenszeiten „keine Chance" bleibe.

Nach seinem gescheiterten Ausflug in die Politik[70] tritt der Protagonist seine letzte Reise ins Polarmeer an, die erneut das Ziel verfolgt, die Nordwestpassage zu finden. Als kurz vor Franklins Tod eine Gruppe seiner Mannschaft zwar in das Gebiet der vermuteten Nordwestpassage vordringt, die Hoffnung auf ein offenes Polarmeer sich jedoch nicht erfüllt, bringt das den alten Kommandanten nicht aus der Fassung (350). Vielmehr läßt er, überzeugt, daß „das Ziel wichtig gewesen war, um den Weg zu erreichen" (197), ein Fest feiern (350). John ist mit sich und seinem Lebenswerk zufrieden. Was er – involviert in das aufreibende Geschäft der Politik auf Van Diemen's Land – an seinem imbezilen Freund Sherard Lound bewunderte, unerschütterlich zu sein wie ein „Uferstein" (325), hat er nun erreicht. Er hat Frieden mit sich selbst geschlossen und eine tiefe innere Ruhe gefunden. So disponiert umgibt den Protagonisten gegen Ende des Romans eine Aura von Würde und Weisheit. Sein Tod, Nadolny unterstellt einen Schlaganfall als Todesursache, erhält vor diesem Hintergrund etwas Friedliches, Selbstverständliches. Franklins letzte Wochen erscheinen als Prozeß einer progressiven Retardierung. Sein Schlaganfall macht ihn zunehmend langamer und hilfloser, bis er stirbt. Doch anders als während seines vorausgegangenen Lebens versucht in der Stunde seines Todes niemand der ihn umgebenden Menschen, seine Langsamkeit auszunutzen. Seine Offiziere sind, im Gegenteil, bereit, Stunden am Bett des alten Kommandanten zuzubringen, bis sie verstanden haben, „was der alte Mann sagen wollte" (350). John hat erreicht, worum er ein Leben lang gekämpft hat – ihm wird soviel Zeit zugestanden, wie er benötigt, um wichtige Dinge zu durchdenken und mitzuteilen.

3.3 Exemplarische Analysen zum Verhältnis von historischer Vorlage und literarischer Adaption

3.3.1 Die erste Landreise in die Arktis (1819–22)

In seiner „Bibliographischen Notiz" benennt Nadolny als wesentliche historische Quelle Franklins Buch *Narrative of a Journey to the shores of the Polar Sea in the year 1819, 20, 21 and 22.* Es handelt sich bei diesem 1823 in London publizierten Werk Franklins um einen umfangreichen Reisebericht, der den Zeitraum von 1819–22 durch fast tägliche Eintragungen chronologisch dokumentiert. Der Erzählstil ist nüchtern und sachlich, ohne literarische Ambitionen. Das Selbstverständnis des Verfassers als Wissenschaftler und Forscher teilt sich deutlich mit. Die Eintragungen zu Flora und Fauna, zu Ureinwohnern und vor allem zu Klima und Wetter sind sehr detailliert. Bei Märschen werden häufig wie in einem Logbuch genaue Standortangaben, Uhrzeiten und alle besonderen Vorkommnisse vermerkt. Nadolny verarbeitet den fünfhundert Seiten umfassenden Bericht Franklins in seiner *Entdekkung* auf fünfundfünzig Seiten. Das ist immerhin knapp ein Siebtel des gesamten Romans, gleichwohl bedeutet dies eine enorme Straffung des historischen Stoffes. Franklins Bericht wird in der literarischen Adaption mit Blick auf spezifische Schwerpunktsetzungen kondensiert. Längere Berichtszeiträume sind ausgelassen, die übernommenen täglichen Eintragungen in der Regel stark gerafft und zusammengefaßt.

Das Ziel der Expedition bestand in der Erreichung der Repulse Bay im Nordwesten der Hudson Bay. Vom Ausgangspunkt Fort Chipewyan mußte der gesamte Norden Kanadas durchquert werden. Die Männer um Franklin gelangten bis kurz hinter den Melville Sund, wo der einbrechende Winter, die schlechte Versorgungslage und die schwindenden Kräfte sie zur Umkehr zwangen. Sie marschierten in Richtung Fort Enterprise, dem nächsten Stützpunkt auf dem Weg nach Süden. Schon bald ging ihnen jedoch die Verpflegung aus. Als sie nach unglaublichen Strapazen und dem Tod mehrerer Mannschaftsmitglieder Fort Enterprise endlich erreichten, fanden sie es verlassen und ohne Vorräte vor. Es folgten weitere Wochen des Hungers und der Kälte, ehe Entsatz eintraf.

Das Hauptgewicht der Reisedarstellung im Roman liegt auf der Schilderung des Rückmarsches von Point Turnagain nach Fort Enterprise. Das ist nicht verwunderlich, denn hier spitzen sich die Ereignisse zu. Der Überlebenskampf der von Hunger und Kälte geschwächten Männer in der Weite der Arktis, die sich unter extremen Bedingungen mehrenden Konflikte, Niedertracht und Mord[71], aber auch Mitmenschlichkeit und Selbstlosigkeit[72] machen diesen Teil des Berichts zu einer idealen Vorlage für eine spannende, gehaltvolle Erzählung. Nadolnys Interesse konzentriert sich hier insbesondere auf die Entwicklung zwischenmenschlicher Beziehungen unter extremen Bedingungen. Die Übereinstimmungen zwischen Franklins Reisebericht und Nadolnys literarischer Verarbeitung reichen zuweilen bis ins Detail. Der Romanautor übernimmt ganze Episoden – etwa Dr. Richardsons Versuch, schwimmend einen eisigen Fluß zu durchqueren (253)[73] – ohne wesentliche Änderungen. Wenn es ihm jedoch aus konzeptionellen Gründen geraten scheint, scheut der Autor nicht davor zurück, sich deutlich von der Vorlage zu entfernen. Er verändert die Abfolge und den Ablauf bestimmter Ereignisse mehr oder weniger stark, tauscht Personen gegeneinander aus, unterstellt Motivationslagen und erfindet Begebenheiten hinzu.

So benutzt er etwa Franklins lapidaren Vermerk, daß nach dem 4. Oktober 1821, als sich die Versorgungslage zunehmend verschlechterte, Mr. Back mit vier Begleitern, versehen mit dem Auftrag, Hilfe herbeizuholen, nach Fort Enterprise vorausgeschickt wurde[74], um den Leser erneut mit dem zentralen Thema des Romans, der ‚Langsamkeit', zu konfrontieren. Back wird in die Gruppe der gedanken- und rücksichtslosen ‚Hochgeschwindigkeitstypen' (s. u.) eingereiht, wird zum hektischen Quälgeist stilisiert, der den langsamen John „verrückt macht" (255). Franklin sieht sich gezwungen, seinen nervösen Offizier fortzuschicken, um sich die nötige Ruhe und Besonnenheit für alle weiteren zu treffenden Entscheidungen zu bewahren (255). Über sein Vorgehen nachsinnend, bestätigt er sich noch einmal selbst, daß es richtig war, Back vorauszuschicken, weil dieser andernfalls wohlmöglich einen „Aufstand der Schnellen gegen die Langsamen" (256) angezettelt hätte. Von alledem ist in Franklins historischer Schilderung nicht einmal andeutungsweise die Rede.

Ebenso frei verfährt der Autor bei der Adaption des Franklinschen Berichtes über den Mord an Mr. Hood und die sich daran anschließende Tötung des Indianers Michael, Hoods Mörder, durch Dr. Richardson. In der *Narrative,* in der Franklin die Erzählung Dr. Richardsons wiedergibt, heißt es knapp: „[. . .] immediately upon Micheal's coming. I put an end to his life by shooting him through the head with a pistol."[75] Mehr erfährt der Leser über den Tathergang nicht. Bei Nadolny wird aus diesem Satz eine längere Erzählung (260 ff.), die nicht nur Spannung erzeugt, sondern zugleich auch die Verbindung zu wesentlichen Tugenden des Romanhelden und zum Thema Langsamkeit herstellt. Um dies zu erreichen, tauscht der Autor zunächst Dr. Richardson gegen Franklin aus. Im Roman erkennt der Kommandant selbst die Notwendigkeit, Michael zu töten, um die anderen Expeditionsmitglieder vor der Gefahr des heimtückischen Mordes zu schützen, und er zögert nicht, entsprechend zu handeln. Beim Vollzug der Tötung kommt ihm jene Fähigkeit zugute, die ihn schon als Knaben in Spilsby auszeichnet. War es damals eine Schnur für ein Ballspiel, die er länger als jeder andere halten konnte (9), so ist es jetzt eine Pistole, die er, den Arm gestreckt, mit großer Ausdauer auf den Zelteingang richtet, bis Michael endlich erscheint und die abgefeuerte Kugel sich in den Schädel des Indianers bohren kann (261). Obwohl physisch völlig erschöpft, vermag John ruhig und geduldig zu warten, bis der entscheidende Moment gekommen ist. Er tut, was getan werden muß, und unterliegt dabei nicht, wie viele seiner Kameraden in ähnlich kritischen Situationen, jenem hektischen Handlungszwang, der alles verdirbt. Veränderung und Ausschmückung einer authentischen Begebenheit dienen dem Romancier zur idealisierenden Konturierung seines Helden.

Nadolnys Bemühen geht dahin, den Spannungsbogen der *Narrative* zu akzentuieren. Deshalb ignoriert er solche Passagen, die auf dem Weg der dramatischen Zuspitzung als retardierende Elemente zu betrachten sind. Dies zeigt sich anhand der Schilderungen zur Versorgungslage. Die schwierige Nahrungssituation ist sowohl in der historischen Vorlage als auch in der literarischen Adaption ein ständiges Thema. Während Franklin jedoch trotz angespannter Lage immer wieder von Jagderfolgen berichtet, die dafür sorgen, daß die erschöpften Männer zumindest vorübergehend wieder zu Kräften kommen[76], erscheint die Verschlechterung der Situation bei Nadolny als linearer Abstieg. Die Schilderung gewinnt damit an innerer Dramatik. Verstärkt wird diese Tendenz dadurch, daß der Autor, der bis zur Erreichung von Cap Turnagain (244 ff.)[77] zumindest im Groben der Chronologie des Reiseberichtes folgt, den Ablauf des Rückmarsches, beginnend mit dem 17. August 1821, enorm rafft und umstellt. Gleichzeitig versucht er, durch erfundene Einschübe eine Atmosphäre zu schaffen, die den Zustand der halbverhungerten, völlig entkräfteten Männer verdeutlicht. Hier bedient er sich in der Regel einer eng an die Perspektive des Protagonisten gebundenen Sichtweise (250 ff.).

Der Ich-Erzähler Franklin vermeidet in seinem Bericht jede Bewertung seiner eigenen Person und seiner Rolle als Kommandant der Expedition. Mitreisende haben seine Besonnenheit, seine Umsicht und seine unerschütterliche Zuversicht gerühmt.[78] Nadolnys positive Darstellung seines Protagonisten entbehrt also nicht einer realen Grundlage. Auch in der Schilderung der ersten Landreise ist eine Tendenz zur Heroisierung der Hauptfigur unübersehbar. Betont werden, zuweilen durch erfundene Episoden, jene Eigenschaften des Protagonisten – Ausdauer, Geduld, Gründlichkeit, Zuversicht und Humanität –, denen wegen ihrer Bindung an das Thema Langsamkeit ein besonderer Stellenwert zukommt.

Kritik an Franklin, etwa an der Besessenheit, mit der er Berichten zufolge sein Ziel, die Nordwestpassage zu finden, verfolgt haben soll[79], bleibt ausgeblendet. Statt dessen suggeriert die literarische Darstellung, daß dem Helden der Weg wichtiger als das Ziel sei (197) und er sich nicht vom ehrgeizigen Wettkampf um die Entdeckung der Nordwestpassage habe anstecken lassen. Dieser entbrannte etwa ab 1820 durch das ökonomische und politische Interesse des Staates an einer Durchfahrtsmöglichkeit durch das Polarmeer.[80] Während Franklin sich in seinem Bericht weitgehend auf die Darstellung des äußeren Verlaufs der Reise beschränkt und nur gelegentlich eigene, zumeist forschungsrelevante Gedanken einflicht, ist Nadolnys Erzählung mit Reflexionen seines Helden durchsetzt. Diese schlagen die Brücke zur Gesamtentwicklung des Protagonisten und konturieren seine geistige Physiognomie auf dem Weg der Selbstfindung.

Die *Narrative* ist dem Romancier Nadolny eine ideale Vorlage für die Schilderung der ersten Landreise seines Protagonisten in die Arktis. Den vorgegebenen Ablauf übernimmt er weitgehend und verdichtet ihn durch Auslassungen und Straffungen. Den Spannungsbogen akzentuiert er durch geschickte Handlungsarrangements. Aus dem reichen Repertoire erzählenswerter Begebenheiten wählt er jene aus, die seinen poetologischen und inhaltlichen Intentionen entsprechen. Trotz relativer Nähe zur Vorlage weicht er von dieser immer dann deutlich ab, wenn es ihm aus konzeptionellen Gründen geboten scheint. Das heißt zum einen, um eine literarisch ansprechende und zugleich unterhaltsame Darstellung zu geben, und zum anderen, um seine Vision von John Franklin und seine These zum Thema Langsamkeit zu befestigen.

3.3.2
Die Gouverneurszeit in Van Diemen's Land

Die 1642 entdeckte, südöstlich von Australien gelegene Insel Tasmanien (bis 1853 Van Diemen's Land genannt) wurde von den Briten ab 1803 mit Deportationen von Strafgefangenen beschickt. Mit den ersten Gefangenentransporten gelangten auch freie Bürger des Vereinigten Königreiches, die sich als Farmer auf der Insel niederlassen wollten, nach Van Diemen's Land. Freie Landzuweisungen weckten das Interesse an einer Auswanderung nach Tasmanien. Die Zahl der Immigranten stieg bis ins zweite Jahrzehnt des neunzehnten Jahrhunderts ständig an.[81] Zugleich erlebte die Insel, insbesondere durch einen florierenden Weizen- und Wollhandel, eine erste wirtschaftliche Blüte. Ihrer wachsenden ökonomischen Bedeutung wurde 1825 durch die Ernennung zu einer selbständigen königlichen Kolonie Rechnung getragen.[82] Der Kolonie stand ein Gouverneur vor, dessen politischer Handlungsspielraum wesentlich dadurch bestimmt wurde, daß er zum einen die Weisungen des Kolonialministeriums in London zu befolgen und zum anderen die konkurrierenden Interessen verschiedener Gesellschaftsgruppen der Strafkolonie in Rechnung zu stellen hatte. London drängte den Gouverneur zu einer restriktiven Ausgabenpolitik. Die Kolonie sollte etwas abwerfen, Rohstoffe und Handelsgüter liefern und möglichst wenig Kosten verursachen. Demgegenüber sah sich der Gouverneur insbesondere von den Forderungen der Siedler bedrängt, denen es häufig an Ackergeräten, Saatgetreide und Zuchtvieh fehlte. Die Unterstützung der Siedler schien im Hinblick auf eine erfolgreiche Wirtschaftspolitik unerläßlich, denn ihr Wohlergehen war für die Existenz des gesamten Kleinhandels von zentraler Bedeutung.[83] Gleichwohl kostete dies Geld und war bei leeren Staatskassen nicht nur schwierig, sondern wurde von all jenen beargwöhnt, die sich wie die Großgrundbesitzer und die Funktionäre gern selbst aus der Staatskasse bedient sahen.

Damit die Siedler ihren immensen Bedarf an Arbeitskräften dekken konnten, wurden ihnen im Rahmen eines heftig umstrittenen „Assignment-System('s)" britische Strafgefangene als Arbeitskräfte zugewiesen.[84] Während etwa John Franklin darin eine Möglichkeit sah, den Gefangenen außerhalb des inhumanen Strafvollzuges eine Chance der Bewährung zu bieten, lehnten konservative

Kreise in London und deren Vertreter auf Van Diemen's Land eine solche liberale Praxis entschieden ab.[85] Die Siedler waren zwar Befürworter des „Assignment-System('s)", jedoch aus weniger lauteren Gründen als Sir John. Die meisten unter ihnen sahen in dem Zuteilungssystem lediglich eine Möglichkeit, zu billigen, rechtlosen Arbeitskräften zu kommen, die man hemmungslos ausbeuten konnte.

Die Gesellschaft auf Van Diemen's Land war extrem hierarchisch gegliedert und von starken sozialen Gegensätzen geprägt. Die an der Spitze der Gesellschaftspyramide stehenden hohen politischen Beamten, die Gefängnisoffiziere, Großgrundbesitzer und Großhändler hielten es in der Regel für selbstverständlich, ihren Einfluß und ihre Entscheidungsbefugnisse zur persönlichen Vorteilsnahme und Bereicherung zu nutzen. Bestärkt wurden sie in dieser Haltung jahrelang durch einen Gouverneur, George Arthur, der mit nichts anderem als einer großen Familie auf die Insel gekommen war und diese als schwerreicher Mann wieder verließ.[86] Der historische Franklin war aufrichtig bemüht, die sozialen und politischen Mißstände auf der Insel zu beseitigen. Sein Start war auch recht vielversprechend. Als ,Polarheld' wurde er von Bevölkerung und Presse mit Neugier und Sympathie empfangen.[87] Schon bald jedoch geriet er in Konflikt mit den einflußreichen Kräften der Insel. Am Gängelband des Kolonialministers, bedrängt von konkurrierenden Interessengruppen, verwiesen auf eine unfähige, korrupte Bürokratie und mit allen Mitteln von den herrschenden Cliquen der Insel bekämpft, hatte der mutige, aber politisch unerfahrene Franklin keine Chance zu bestehen. Als zur politischen Krise nach 1842 eine ökonomische hinzukam und der durch die konservative Presse und Intrigen angeheizte Widerstand gegen den Gouverneur wuchs, ließ das Kolonialministerium ihn fallen. Nach Ablauf seiner sechsjährigen Amtszeit wurde Franklin im Jahre 1843 abberufen.[88] Franklins soziale und politische Reformversuche, seine wesentlich religiös motivierten Humanisierungsbestrebungen blieben, abgesehen von einigen Achtungserfolgen, Makulatur.[89]

Von 1837–43 bekleidete Franklin den Gouverneursposten in Van Diemen's Land. Sechs ereignisreiche Jahre, die – wie ein Blick in die vierhundert Seiten starke, Nadolny als Grundlage dienende[90] Dissertation von Kathleen Fitzpatrick lehrt – Stoff genug für einen eigenständigen Roman böten. Der Romancier bescheidet sich gleichwohl mit einer Darstellung von vierzig Seiten. Da er dennoch bemüht ist, den Ereignisablauf zumindest im Groben wiederzugeben, ist er zu einer stark kondensierenden Art der Darstellung gezwungen. Die Anreise Franklins nach Van Diemen's Land auf der „Fairlie" schildernd, läßt uns der Erzähler wissen, daß der Protagonist nicht vorhat, seine Zeit auf der Strafinsel „als besserer Gefängnisaufseher abzusitzen" (295). Vielmehr will er eine neue Epoche des Wohlstands und des sozialen Friedens einleiten (295). Schnell verschafft er sich einen Überblick über die Zustände auf der Strafkolonie und ist entsetzt. In Kohlenminen zu Tode geschundene Gefangene (301), Knabengefängnisse, deren verzweifelte Insassen vor Mißhandlungen in den Selbstmord fliehen (302), sowie korrupte, brutale Gefängnisbeamte (302 f.) und Ausrottungsfeldzüge gegen die tasmanischen Ureinwohner (303) wecken „Ekel und Zorn" (302) in ihm. Durch eine exemplarisch-episodenhafte Darstellung versucht Nadolny, die sozialen Verhältnisse auf der Gefangeneninsel zu veranschaulichen. Dabei regiert nicht das Prinzip der Authentizität, sondern das der Probabilität. Angesichts der schlimmen Bilanz der Verhältnisse auf der Insel läßt der Autor seinen Protagonisten beschließen, dafür zu sorgen, daß

> diese Kolonie eines Tages ein Land werden [würde], in dem die Kinder aufwachsen konnten, ohne daß man ständig die Hälfte allen Geschehens vor ihnen verborgen halten mußte. (307)

Diese Vorstellung ist eingebunden in Franklins Utopie von einer besseren Welt, in der das Prinzip der Humanität dominieren soll. In Entsprechung zu seinem historischen Vorbild ist der Held der *Entdeckung* kein Revolutionär. Während sich für den historischen Franklin, den wesentlich religiös motivierten Humanisten[91], der Gedanke, etwas auf revolutionärem Wege erreichen zu wollen aus grundsätzlichen ideologischen Erwägungen heraus verbot[92], erscheint ein revolutionäres Vorgehen für den Romanhelden schon insofern undenkbar, als für ihn, den außerordentlich langsamen Menschen, jeder plötzliche Umbruch eine persönliche Bedrohung bedeutet (309). Das Thema Langsamkeit ist auch in der Darstellung von Franklins Gouverneurszeit immer präsent und sorgt dafür, daß der literarische sich vom historischen Franklin deutlich abhebt. So bleibt etwa kein Zweifel daran, daß die hektische Oberflächlichkeit der politischen Arbeit nicht Johns Sache ist (299 ff.). Sie entspricht nicht seinem persönlichen Rhythmus und seinem Bestreben nach Gründlichkeit und Sorgfalt. Um dies zu verdeutlichen, wird die durchaus aus politischen Gründen betriebene Neuerung, die Sitzungen des Legislativrates öffentlich durchzuführen[93], im Roman mit Johns Langsamkeit motiviert. Da der Gouverneur der schnellen Abfolge der Tagesordnungspunkte nicht gewachsen ist, sinnt er auf Abhilfe:

> Er mußte schnellstens für langsamere Tagesordnungen sorgen, am besten dadurch, daß er alle Sitzungen öffentlich abhielt: dann waren die Routiniers nicht mehr unter sich und mußten erklären, was sie meinten. (300)

Das heißt nicht, daß dem Gouverneur der Sinn für die Politik fehlt. Trotz aller inneren Vorbehalte entwickelt er dezidierte politische Vorstellungen, die er über ein umfassendes Reformprogramm zu realisieren versucht: Maßnahmen gegen Korruption und Grausamkeit in den Gefängnissen (317); Abgabe von Land zu günstigen Bedingungen an ehemalige Sträflinge (327); Erarbeitung von Konzepten zum offenen Strafvollzug (317); Wiederansiedlung vertriebener Ureinwohner (312); Beantragung der Umwandlung des Legislativrates in eine aus öffentlichen Wahlen hervorgehende Kammer (317) u. a. John tut alles, um der Insel den Charakter einer Strafkolonie zu nehmen. Er beantragt in London eine Umbenennung der Insel, baut das Parlamentshaus fertig, unterstützt das Theater, gründet ein Museum und engagiert sich für eine neue Schule, in der nicht nur der Geist der Unterdrückung herrschen soll (327 ff.). Was Nadolny hier schildert, ist nicht aus der Luft gegriffen. Auch der historische John Franklin betätigte sich, zuweilen sogar erfolgreich, als sozialer und politischer Reformer. So gelang es ihm, die Todesstrafe für das Delikt der Falschmünzerei und der Urkundenfälschung (1838)[94] und die herrschende Praxis, zivilrechtliche Delikte durch Militärgerichte behandeln zu lassen, abzuschaffen (1840)[95]. Im Jahre 1840, einem wirtschaftlichen Boomjahr, das den Siedlern durch hohe Kornpreise Wohlstand brachte, wurde Franklins Regierung zeitweise sogar von der konservativen Presse mit Wohlwollen betrachtet. In dieses Jahr fällt der Bau eines neuen Regierungsgebäudes[96], den Nadolny benutzt, um seinem Helden parlamentarischen Geist zu attestieren (327).

Obwohl die literarische Adaption der Gouverneurszeit den Ergebnissen der historischen Forschung stark verpflichtet ist, unterscheidet sie sich von dieser doch in zentralen Punkten. Dies ist nicht nur eine Folge literarischer Ausschmückung, sondern Resultat der völlig anderen Darstellungsperspektive, die der Autor wählt. Im Zentrum seiner Erzählung steht die innere Entwicklung des Protagonisten als Reflex auf die politischen Ereignisse. Letztere werden, mit Ausnahme jener Geschehnisse, die für seine geistige Entwicklung, sein Menschenbild und sein Politikverständnis zentral sind, nur äußerst knapp, im Telegrammstil geschildert. Das bringt eine Reduzierung und Simplifizierung gegenüber der sozialen und politischen Komplexität der historischen Gegebenheiten in der Strafkolonie mit sich.

So erfährt der Leser der *Entdeckung* kaum etwas über die wirtschaftliche Depression nach 1842 und deren Bedeutung für die Abberufung des Gouverneurs[97], die Fraktionierung im Legislativ- und Exekutivrat[98] oder die schwierige Stellung des Gouverneurs zwischen Londoner Kolonialministerium und politischer Interessenvertretung auf der Insel.[99] Statt dessen hat er Teil an einem Reflexionsprozeß des Protagonisten, der darauf zielt, das „Franklinsche System", das bisher eine für die Seefahrt entwickelte „Methode des Lebens und Entdeckens" (308) war, für die Zwecke des politischen Regierens auszuweiten (308). Im Rahmen des „Franklinschen Systems", als dessen Leitideen sich Vernunft und Gerechtigkeit herauskristallisieren, postuliert John den ethischen Imperativ, anderen mit Aufrichtigkeit, Vertrauen und Respekt zu begegnen (248). Sein Bemühen, ein humanes, vertrauenvolles Klima zu schaffen, stößt jedoch auf wenig Gegenliebe. Ließen sich die Männer auf See von seinen außergewöhnlichen Leistungen und seiner Persönlichkeit beeindrucken, so verfängt dies in der Welt der Politik nicht. John ist umgeben von skrupellosen Intriganten, die nur den eigenen Vorteil suchen und seine Gutgläubigkeit und Unerfahrenheit in politischen Dingen hemmungslos ausnutzen. Anders als seine politischen Gegner und anders auch als der historische Franklin, der sich gegenüber den Vertretern der verschiedenen politischen Flügel in Van Diemen's Land durchaus taktisch, wenn auch nicht immer geschickt verhielt[100], kümmert sich der Romanheld kaum um Fragen der politischen Opportunität, der Taktik und der Imagepflege (317). Seine Erfahrungen als

Navigator umsetzend, konzentriert er sich ganz auf die Arbeit an der Sache. Franklin und sein System – das sich zwar, wie John selbst erkennt (314), als individuelle Methode der Lebensbewältigung und zur Strukturierung überschaubarer sozialer Gebilde, nicht aber zur Organisation ganzer Gesellschaften eignet – haben so in der Welt der politischen Ränkeschmiede und Karrieristen keine Chance. Der Gouverneur wird geradezu erlegt wie ein Stück Wild. Seine Jäger sind zwei „Gentlemen von fragwürdigem Charakter“ (316), sein Privatsekretär Alexander Maconochie und der Koloniesekretär John Montagu. Für beide Figuren gibt es historische Vorbilder gleichen Namens. Sie stehen im Roman stellvertretend für die zahlreichen Männer von Einfluß, die die Diskreditierung Franklins betrieben. Im Rahmen einer grob und flächig angelegten Figurendarstellung übersteigert Nadolny die ohnehin negative Darstellung Maconochies und Montagus in der historischen Forschung ins Groteske. Die beiden fungieren als Exempla solcher Menschen, deren Charakter im politischen Getriebe Schaden genommen hat.

Captain Alexander Maconochie trat wie Franklin für soziale Reformen, insbesondere für eine Humanisierung des Strafvollzugssystems in Van Diemen's Land ein. Er suchte dies allerdings auf anderem Wege als der Gouverneur zu erreichen. Der Privatsekretär profilierte sich als entschiedener Gegner des „Assignment-System('s)“, das er als eine moderne Form der Sklaverei betrachtete. Dies war eine Sichtweise, die wegen der hemmungslosen Ausbeutungspraxis der Mehrzahl der Siedler einiges für sich hatte. Maconochie plädierte für die Abschaffung des Zuteilungssystems und für eine nachhaltige Umgestaltung des geschlossenen Strafvollzuges.[101] Daß die beiden Reformer Maconochie und Franklin sich trotz ähnlicher Ziele nicht auf ein gemeinsames Programm verständigen konnten, erklärt sich nicht nur aus ihrer unterschiedlichen Auffassung über das „Assignment-System“, das Franklin nicht abzuschaffen, sondern auszubauen wünschte. Die Gründe lagen darüber hinaus zum einen in dem Konkurrenzverhältnis, das die beiden zueinander hatten – Maconochie gab offen zu, daß er selbst gern Gouverneur in Van Diemen's Land geworden wäre[102] – und zum anderen in Franklins Bestreben, es sich mit der konservativen Arthur-Fraktion um Montagu, die in dem Reformer Maconochie ihren Hauptfeind sah, nicht vollends zu verderben. Maconochie war fraglos ein übertrieben ehrgeiziger, in der Wahl seiner Mittel, wenn es um die Erreichung persönlicher und politischer Ziele ging, nicht wählerischer Mann. Gleichwohl vertrat er durchaus ernstzunehmende Reformvorhaben, eine Tatsache, die in Nadolnys Roman nicht deutlich wird. In der literarischen Adaption wird der Privatsekretär zur Karikatur eines Menschenrechtlers, der unter Berufung auf Maximalpositionen jeden Fortschritt im Kleinen boykottiert: ein theoretisierender ‚Weltverbesserer', der große, pathetische Reden hält, sich jedoch verweigert, wenn es gilt, konkrete Arbeit für die Einlösung bestimmter Ideen zu leisten:

> Und Maconochie sagte: „Büroarbeit liegt mir wenig. Ich sehe meine Aufgabe nicht im täglichen Elend des Geschäftsgangs. Ich will in diesem Land einen helleren Geist heraufführen helfen, der Gerechtigkeit meinen Degen leihen!" (309)

Durch solche Formen der Selbstentlarvung und durch direkte Erzählerkommentare (z. B. 310/11) wird der Privatsekretär als eitel und hybrid diskreditiert.

Der politische Kopf der Regierung in Van Diemen's Land zu Zeiten Franklins war der Koloniesekretär John Montagu, der vom Gouverneur wegen seiner außergewöhnlichen Kompetenz geschätzt und wegen seines Einflusses und seiner Zugehörigkeit zur reaktionären ‚Arthur-Fraktion' – er war der Schwiegersohn George Arthurs[103] – gefürchtet wurde.[104] Die Beziehung zwischen Gouverneur und Koloniesekretär scheint zunächst von dem Versuch geprägt gewesen zu sein, einen modus vivendi zu finden.[105] Je offenkundiger jedoch wurde, daß Franklin den politischen und sozialen status quo nicht für unantastbar hielt, desto entschiedener bekämpfte Montagu den Gouverneur. Dabei nutzte er seinen ganzen Einfluß und scheute auch vor infamen Intrigen nicht zurück.[106] War der historische Montagu ein skrupelloser politischer Funktionär, so wird er in Nadolnys literarischer Adaption zu einem dämonischen Ungeheuer. Der Koloniesekretär erscheint als eine Personifikation des verschlagenen Intriganten, schon in der äußeren Gestalt abstoßend unsympathisch, spinnenhaft, dunkel mit wäßrigem Blick (297/98), lauernd und gespannt „wie eine Katze vor dem Sprung" (306). Gefährlich ist er gerade wegen seiner außerordentlichen Fähigkeiten:

> Er war über alles unterrichtet, setzte andere schnell ins Bild, handelte umsichtig und vergaß nichts: keinen Namen, keinen Termin und nicht die geringste Kränkung. (305)

Als persönliche Kränkung betrachtet er jede Entscheidung, die sich mit seinen Anschauungen nicht verträgt oder gar gegen seinen Rat erfolgt. Politisch ist er Anwalt jener Schichten, die als Nutznießer der bestehenden Gesellschaftsordnung jeden Erneuerungsversuch bekämpfen, weil sie fürchten, ihre Vorteile zu verlieren. Im Kampf gegen seine politischen Gegner kennen Montagus Niedertracht und Heuchelei keine Grenzen. Um Franklin zu stürzen, zieht er alle Register des politischen Intriganten. Er hintertreibt die Entscheidungen des Gouverneurs, verleumdet ihn beim Kolonialministerium in London und initiiert Pressekampagnen gegen ihn (317 ff.). Schließlich sieht Franklin sich gezwungen, ihn seines Postens zu entheben (319). Auch nach seiner Entlassung betreibt Montagu jedoch – nun von London aus – weiterhin den Sturz des Gouverneurs, und er erreicht schließlich sein Ziel (331).

Es ist kein Zufall, daß die beiden einzigen Politiker aus dem Mitarbeiterstab des Gouverneurs Franklin, die im Roman eine Rolle spielen, ausgesprochene Negativgestalten sind. Bei der Darstellung Maconochies und Montagus scheint es sich nicht wesentlich um eine Attacke gegen linke politische Spinnerei auf der einen und rechte, extrem reaktionäre Positionen auf der anderen Seite zu handeln. Es deutet vielmehr alles darauf hin, daß es dem Autor um einen Generalangriff auf die im Bereich der Politik dominierenden Handlungsmuster zu tun ist. Die idealisierende Anlage des Protagonisten korrespondiert mit einem außerordentlich negativen Politikverständnis. Franklin, so die Quintessenz der literarischen Darstellung, hat nur dann eine Chance, sich auf dem Feld der Politik zu behaupten, wenn er seinen Gegner mit den gleichen infamen Mitteln bekämpft, denen er sich selbst ausgesetzt sieht. Eben dazu ist der moralisch integre Romanheld jedoch unter keinen Umständen bereit. Zwar erkennt er, daß der Versuch, sein „Franklinsches System" in die Welt der Politik zu transformieren, gescheitert ist (314), für ihn selbst bleibt es jedoch insofern verbindlich, als er sich nicht dazu versteht, seine moralischen Grundsätze um des politischen Erfolges willen zu verraten. Seiner Abberufung, deren Unvermeidlichkeit er früh erkennt, sieht er gelassen entgegen (315). Die intrigante Geschicklichkeit des Koloniesekretärs weckt in ihm eher Staunen als Empörung. Als sein blasierter Nachfolger auf dem Gouverneursposten ihm das Abberufungsschreiben Lord Stanleys präsentiert, lacht er schallend und will gar nicht wieder aufhören:

> Schließlich zuckte er die Achseln: „Es muß Mr. Montagu gelungen sein, mir alle Schande zuzuschieben. Wie macht man das nur?“ (331)

So gelassen blieb der historische Franklin freilich nicht. Anders als in der *Entdeckung*, in der der Held zwar auch Rechenschaft für seine Abberufung fordert, jedoch Distanz zu den Ereignissen zu wahren vermag, war der historische Franklin über seinen Amtsverlust tief empört und persönlich gekränkt. Besorgt um seinen guten Ruf kämpfte er verbissen um eine öffentliche Ehrenerklärung seitens des Kolonialministeriums.[107] Als er diese nicht erhielt, entschloß er sich gegen den Rat seiner Freunde, ein Pamphlet über die politischen Machenschaften auf Van Diemen's Land zu verfassen. Diese Idee qualifizierte seine Frau Jane als „most painful and repulsive“[108] ab. Der Grad der inneren Betroffenheit, die völlige Vereinnahmung durch die politischen Ereignisse im Zusammenhang mit seiner Abberufung und die hektisch-verbissene Betriebsamkeit, mit der Sir John um sein Ansehen kämpfte[109], passen nicht in das Bild des gelassenen, souveränen Franklin, das Nadolny zu zeichnen bemüht ist.

Es handelt sich hier um ein Beispiel für das Verfahren des Autors, durch eine gezielte Abweichung von den historischen Fakten die Kontinuität einer idealisierenden Darstellung des Protagonisten zu wahren. Alles was geeignet ist, die Vision vom würdigen, humanen, in sich selbst ruhenden und intellektuell unabhängigen Franklin zu konterkarieren, bleibt ausgeblendet. So nicht nur Franklins Reaktionen auf seine Abberufung, sondern auch die Querelen, die es zwischen ihm und seiner Frau im Hinblick auf die Haltung gegenüber Maconochie und Montagu gab[110], oder das glücklose Lavieren des Gouverneurs zwischen den verschiedenen politischen Fraktionen in Van Diemen's Land.[111] Franklins Scheitern erscheint dadurch im Roman fast ausschließlich als Folge der infamen Machenschaften Maconochies und Montagus. In Verbindung mit erzähltechnischen Arrangements (s. u.), die das Bild eines Mannes befestigen, dessen außergewöhnliche Langsamkeit

Grundlage für eine sukzessive charakterliche Vervollkommnung und eine fruchtbare intellektuelle Entwicklung ist, wird die Geschichte zu einem politischen Gleichnis umgearbeitet. Der humane, integre Held scheitert in der schmutzigen Welt der Politik an der Wolfsnatur des Menschen.

Der exemplarische Vergleich von historischer Vorlage und literarischer Adaption zeigt, daß Nadolny extensiv auf dokumentierte Abläufe zurückgreift, diese jedoch gemäß seiner inhaltlichen und poetologischen Intentionen abändert. Unter Rekurs auf erzähltechnische Arrangements gelangt er so zum einen zu einer zivilisations- und gesellschaftskritischen Darstellung der Historie und zum anderen zu einer Idealisierung und Heroisierung seines Protagonisten. Zwar kann der Autor auf eine durchgängig positive Darstellung Franklins in der historischen Forschung zurückgreifen, er geht jedoch in seiner literarischen Adaption weit über dieses Bild hinaus. Sein Franklin ist eine zum Prototypen des guten Menschen stilisierte Kunstfigur. Was der Figurenkonzeption des Autors zuwiderläuft – Franklins zuweilen übertriebener Ehrgeiz, seine Eitelkeit und Verfangenheit in konventionellen Vorstellungen, Entscheidungsunsicherheit, starke Frömmigkeit – bleibt auf der Strecke.

Statt dessen wird der Held mit einer vermeintlichen Schwäche, der außerordentlichen Langsamkeit, ausgestattet. Diese erweist sich als Basis einer fruchtbaren Entwicklung und der Herausbildung einer Fülle positiver Eigenschaften, die den Protagonisten im Zuge seines Lebenswegs zu einem ‚Übermenschen' heranreifen lassen. Der literarische Franklin ist – die Aufzählung erfolgt ohne Anspruch auf Vollständigkeit – human, friedliebend, moralisch integer, gütig, verständnisvoll, sensibel, tolerant, engagiert, gerecht, hilfsbereit, mutig, diszipliniert, fleißig, im positiven Sinne neugierig, fachlich kompetent, vernünftig, selbstkritisch, selbstbewußt und weise. Ein solchermaßen idealisierter Franklin, dessen Gedanken, etwa zum Kriegsdienst, zur Emanzipation der Frauen, zur Behandlung Strafgefangener oder zu religiösen Fragen nicht der Welt des frühen neunzehnten Jahrhunderts, sondern der des Autors entstammen, wird im Roman zur richtenden Instanz über die Geschichte, zum Medium der Zivilisationskritik und zum Werbeträger für humane Ideen.

3.4 Zur zentralen Thematik: Zivilisationskritik und kritische Sozialgeschichte

Im vorausgegangenen Kapitel ist das Verfahren untersucht worden, über die Anlage eines Protagonisten, dessen außerordentliche Langsamkeit den Blick für die „fatale Beschleunigung" einer historischen Epoche öffnet, eine zivilisationskritische Potenz zu gewinnen. An dieser Stelle geht es darum, die wichtigsten Resultate, die diese Technik hervorbringt, in den Kontext der kritischen Sozialgeschichte einzubinden, die Nadolny zu geben sucht.

> London dampfte. Der Zuwachs an Apparaten, Maschinen und Eisenkonstruktionen wurde täglich größer, man nannte es den Fortschritt. Viele wirkten an ihm mit, wenige hatten an ihm teil. (286)

Der Fortschritt, von dem hier kritisch die Rede ist, basiert auf dem Prinzip der Geschwindigkeit und installiert dieses zugleich als zentrale Orientierungsgröße in der gesellschaftlichen Praxis. Er läßt die Welt zusammenrücken und bedeutet zugleich Chance und Gefahr für die Menschen. Dampfmaschinen beschleunigen und steigern die Produktion von Gütern aller Art, Lokomotiven gestatten die raschere Überbrückung großer Entfernungen, fortentwickelte Waffensysteme ermöglichen die schnellere und gründlichere Vernichtung des Feindes. Durch Stimmungsberichte sucht der Romancier den Fortschritts- und Geschwindigkeitstaumel im London des frühen neunzehnten Jahrhunderts zu vergegenwärtigen. Franklins London scheint „in die Geschwindigkeit verliebt" (163), die mit Leistung und Fortschritt gleichgesetzt wird. Nadolnys Roman handelt von der Erfahrung einer unter den Bedingungen der Industriellen Revolution akzelerierten Geschichte. Die emphatische Orientierung an den Prinzipien von Geschwindigkeit und Fortschritt wird dabei von Beginn an als „allgemeine Mode" (266) charakterisiert, die sich unaufhaltsam zu einem Dogma verfestigt:

> Die meisten starrten ihn [den Fortschritt] mit glänzenden Augen an und sagten bewundernd: „Wahnsinn!" Der Fortschritt war eine Verrücktheit, diente aber dem Ruhm Englands, und auch wer keinen Profit machte, liebte seine Nation. (286)

Solchen ideologiekritischen Passagen stehen andere gegenüber, die darauf hindeuten, daß der Autor den technischen Fortschritt nicht per se ablehnt, sondern nur dessen hektisch-unreflektierte Handhabung und Verabsolutierung in Frage stellt. Einen besonnenen Umgang mit dem Fortschritt pflegt Franklin, der sich moderner Technik zwar bedient, aber anders als etwa der Mathematiker Babbage, dessen Hybris auf die Gefährlichkeit einer blinden Fortschrittsbegeisterung verweist (286 f.), den Blick für die Grenzen der Maschinen und die Notwendigkeit des Prinzips der Kontrolle und des Innehaltens nicht verliert (286 f.). Die Figur Franklins repräsentiert das von der akzelerierten Geschichte bedrohte Individuum. Der ihn umgebenden Hektik und Geschwindigkeit vermag er nur zeitweise standzuhalten. Um sich die Möglichkeit einer differenzierten Wahrnehmung zu erhalten, muß er sich immer wieder an Orte zurückziehen, die von der „fatalen Beschleunigung des Zeitalters" (208) noch nicht erfaßt sind. Es sind dies die Bereiche weitgehend unberührter Natur, das Meer und die Weite der Arktis, die in der Entdeckung als positive Kontrasträume zu dem hektischen, menschenfeindlichen London fungieren:

> Das feingerippte Meer umspielte und trug die Eisfiguren wie ein Takt, und sie selbst hatten, wie Klänge, eine Harmonie, obwohl sie doch etwas Gesplittertes und Geborstenes waren. Aber sie wirkten ruhig und zeitlos, so etwas konnte nicht häßlich sein. Hier war es friedlich. Weit hinten, irgendwo im Süden, sorgte die Menschheit für das Elend der Menschheit. In London war die Zeit etwas Gebieterisches, jeder mußte mit ihr mithalten. (195)

Hier, unter den Bedingungen eines natürlichen, gleichbleibenden Rhythmus', findet John wieder zu sich selbst, hier entfaltet er seine „Philosophie der Gründlichkeit und der Bedächtigkeit"[112], deren Überlegenheit gegenüber der Ausrichtung am Prinzip der Geschwindigkeit sich in der täglichen Arbeit, vor allem aber in Krisen- und Gefahrensituationen, immer wieder zeigt (s. o.). Dabei offenbart sich die Relativität jeder Geschwindigkeitswahrnehmung. Langsam ist Franklin nur im Vergleich mit den ‚Hochgeschwindigkeitstypen', die ihn umgeben. Für sich genommen bewegt er sich in einer Geschwindigkeit, die seinem inneren Rhythmus und den zu bewältigenden Aufgaben angemessen ist.

Nadolnys zivilisationskritische Auseinandersetzung mit dem

Thema ‚Geschwindigkeit und Fortschritt', sein Plädoyer für die Langsamkeit, stellt in der deutschsprachigen Gegenwartsliteratur keinen Einzelfall dar.[113] Eine augenfällige thematische Parallele ergibt sich zwischen Nadolnys *Entdeckung* und Peter Handkes *Langsamer Heimkehr* (1979). Auch in Handkes Werk geht es um die Bedrohung des Individuums in der modernen Industriegesellschaft, um die Gefahr des Identitätsverlusts und der Entfremdung. Der Protagonist Sorger, ein Geologe, leidet unter der Vernichtung des Raumes und der Zerstörung der natürlichen Formen unserer Umwelt. Wie Franklin flieht er in die unbebaute und weitgehend unbelebte Welt nördlich des Polarkreises, wo er über die Beobachtung und Beschreibung der Landschaft sein Verhältnis zur Natur und zu sich selbst klärt. Die Ähnlichkeiten zwischen den Werken Handkes und Nadolnys reduzieren sich allerdings auf thematische Aspekte. In der Machart unterscheiden sich *Langsame Heimkehr* und *Die Entdeckung der Langsamkeit* nachhaltig. Während Handkes handlungsarmer, stark stilisierter, über weite Strecken monologischer Roman gravitätisch in tiefem Ernst daherkommt, ist Nadolnys Arbeit bewußt auf spannende Unterhaltung hin konzipiert und gänzlich unprätentiös, nüchtern und mit ironischem Witz erzählt.[114]

John Franklin steht mit seiner vorsichtigen, reservierten und kritischen Haltung gegenüber einer Orientierung am Prinzip der Geschwindigkeit in der Welt der *Entdeckung* weitgehend allein da. Die ihn umgebenden Menschen haben die Strukturen der den Fetischen Fortschritt und Geschwindigkeit huldigenden Gesellschaft verinnerlicht. Ihr auffälligstes Merkmal ist ihre Schnelligkeit, mit der Oberflächlichkeit, Nervosität, Aggressivität und Rücksichtslosigkeit einhergehen. John begegnet solchen Menschen auf allen Stationen seines Lebensweges. Sie heißen Barker (9 ff.), Tennyson, Carcroft, Atkinson, Hopkinson (31 ff.), Lacy (88 ff.), Simmonds (133 ff.), Dance (108 ff.), Walker, Pasley (156 ff.), Back (186 ff.) und Montagu (293 ff.). Diese Figuren bekleiden vom Schüler bis zum Lehrer, vom Schiffsjungen bis zum Kapitän und vom kleinen Beamten bis zum einflußreichen politischen Funktionär alle denkbaren Positionen und setzen dem Protagonisten arg zu. Sie überfordern ihn durch „rasche Sätze und unvollständige Mitteilungen" (156), drangsalieren ihn mit ihrer Ungeduld (31 f., 88 f., 156 f.), versuchen ihn zu höherer Sprechgeschwindigkeit (108) und zu schnellen Entscheidungen zu drängen (108 f.). Außerdem geringschätzen und verspotten sie ihn wegen seiner Langsamkeit (9 ff., 199 ff.). Als typische Repräsentanten ihres Zeitalters sind sie nicht nur eine persönliche Bedrohung für John, sondern eine Gefahr für Mensch und Zivilisation schlechthin. Während Franklins Besonnenheit und Geduld Humanität und Frieden stiften, führt ihre unreflektierte Schnelligkeit in Verbindung mit ihrem aggressiven Potential unter den Bedingungen der frühindustriellen Konkurrenzgesellschaft zu Inhumanität und Unfrieden. Unfähig zuzuhören, sich wirklich auf andere Menschen einzulassen, die sie überwiegend als Konkurrenten und Feinde betrachten, unterliegen sie einem hektischen Handlungszwang, der sie unkritisch und instrumentalisierbar macht.

Erkennbar wird dies insbesondere im Falle kriegerischer Auseinandersetzungen. Während Franklin den großen Reden eines Nelson oder Cooke (133) reserviert gegenübersteht und sich weder durch rhetorische Tricks noch durch die Verwendung schillernder Begriffe wie Ruhm, Ehre, Unsterblichkeit usw. von seiner erkenntnis- und ideologiekritischen Grundhaltung[115] abbringen läßt, sind seine Kameraden durch wenige wohlgesetzte Worte schnell für jeden Krieg zu gewinnen. Der ‚Hurrapatriotismus' – in der Darstellung mit Johns nüchtern-kritischer Haltung geschickt kontrastiert – greift rasch um sich (116 ff., 133 ff., 155 ff.). Angestachelt von den hochtönenden Parolen ihrer Führer können die Männer „vor Eifer nicht mehr normal gehen, nur noch rennen als gelte es Tod oder Leben" (136). Zwanghafte, gedankenlose Schnelligkeit erscheint hier als konstitutiv, sowohl für die Bereitschaft Krieg zu führen als auch für den Vollzug kriegerischer Handlungen selbst. Die Prototypen oberflächlicher Schnelligkeit sind für kriegerische Auseinandersetzungen optimal disponiert. Schnelligkeit, Rücksichtslosigkeit und Freiheit von jedem Zwang zur Reflexion über den Sinn eigenen Tuns sind Voraussetzungen für den Erfolg in der Schlacht. Hier bleibt keine Zeit für kritische Fragen oder moralische Erwägungen. Es regiert der Imperativ des ‚töte oder stirb'. Franklin stellt demgegenüber fest, daß für den Krieg alle zu langsam sind, nicht nur er (117).

Die Behandlung des Themas Langsamkeit mit seinen zivilisationskritischen Implikationen verknüpft sich hier mit der deutlich spürbaren Absicht des Autors, Stellung gegen Krieg und Gewalt zu beziehen. Eben weil dies so ist, läßt der Autor – eine frei erfundene Begebenheit – seinen friedliebenden Protagonisten in der Schlacht von Kopenhagen einen Angreifer erdrosseln (64), und aus einer leichten Schulterverletzung, die der historische Franklin sich im Britisch-Amerikanischen Krieg zuzog[116], wird im Roman eine lebensbedrohliche Kopfverletzung. Nadolny übergeht die Tatsache, daß der ‚Polarheld' zwischen 1830 und 1833 erneut Kommandant eines Kriegsschiffes war.[117] Der literarische Franklin wird durch seine Erlebnisse als Marinesoldat nicht nur früh zu einem entschiedenen Kriegsgegner, sondern zu einer besonderen Art eines Kriegsdienstverweigerers, der später – anders als der historische Franklin[118] – eher bereit ist, einen Karrierebruch zu riskieren, als erneut in eine Schlacht zu ziehen (290). „Ich kann das nicht gutheißen, ich werde nicht kämpfen" (117), beschließt John während einer Seeschlacht gegen die Franzosen. Staunen und Ärger seiner Kameraden hervorrufend, trägt er – und dies ist Ausdruck seiner hohen Achtung vor dem Menschen – die Leichen der Gefallenen unter Deck und reiht sie sorgfältig auf (117).

Johns Abneigung gegen den Krieg und seine Angst vor der Schlacht sind im Roman überzeugend motiviert. In mehreren Szenen werden die ganze Brutalität und Sinnlosigkeit des Krieges verdeutlicht (63 ff., 135 ff., 142 ff., 149 ff.). Das geschieht zumeist aus der Perspektive des Protagonisten unter Einsatz filmischer Techniken, insbesondere Zeitraffer und Nahaufnahme, die die Kriegserlebnisse des Romanhelden in eine alptraumhafte Sphäre rücken. So schon im ersten Teil des Romans, wenn vorgeführt wird, wie der fünfzehnjährige John durch die Zwangssituation des Krieges dazu getrieben wird, zu töten (63 ff.). Später dann erneut, als der in der Schlacht von New Orleans schwer verletzte Protagonist einen Fiebertraum durchlebt, in dem er als Lahmer auf einen Blinden trifft, beide hilflos über das von Leichen übersäte Schlachtfeld irrend (149 ff.). Diese surrealistisch anmutende Vision, Sinnbild für die Schrecken des Krieges und seine grauenhaften psychischen und physischen Folgen, stellt den Wendepunkt innerhalb der beruflichen Karriere Franklins dar. John kann sich kein Ziel vorstellen, das einen Krieg wert wäre (155). Der Krieg, gegen wen auch immer geführt, ist für ihn eine sinnlos grausame, höchst überflüssige Veranstaltung (155). Aus der Perspektive des Erzählers wird diese Ansicht des Protagonisten gestützt:

Der Krieg rückte wieder näher: eben waren die Soldaten des 85. Regimentes an Land gebracht worden und verjagten rund um die Stadt Funchal alle Kaninchen und Eidechsen durch fortwährendes Schanzen. Funchal sollte gegen einen französischen Angriff verteidigt werden. Dieser aber drohte nur deshalb, weil sie dort schanzten. (83)

Ironisch-pointiert wird hier der Irrsinn des Krieges verdeutlicht. An anderer Stelle karikiert der Autor die Kriegstreiber (101) und legt ideologiekritisch die Genese der Kriegsbegeisterung unter den Soldaten offen (138 ff.).

Nadolnys Auseinandersetzung mit dem Thema ‚Krieg' ist ein Beispiel für den Versuch, Geschichte ‚von unten' zu schreiben. Nicht die großen historischen Ereignisse, sondern das in diese involvierte Individuum steht im Zentrum der Darstellung. Der Autor verzichtet darauf, in Historiker-Attitüde über die weltgeschichtliche Bedeutung der Trafalgar-Schlacht zu räsonieren. Vielmehr läßt er den Leser diese aus der Perspektive des Antikriegshelden Franklin miterleben. Was in historiographischen Werken als bedeutungsvolle Tat gefeiert wird, präsentiert sich so als blutiges Gemetzel, als sinnloses chaotisches Geschehen. Die weitgehende Ausblendung der welthistorischen Prozesse ist eine Konstante im Roman. Sie werden allenfalls wie etwa die Französische Revolution über eine Zeitungsnotiz (268) oder kleine gedankliche Exkurse des Protagonisten (19) eingefangen. Die ‚großen' Männer der Geschichte werden, soweit sie überhaupt, wie z. B. Nelson (133 f.), in Erscheinung treten, zu Statisten degradiert.

Die Technik einer Geschichtsschreibung ‚von unten' kommt in der *Entdeckung* extensiv zur Geltung. Die Behandlung des Themas Langsamkeit und das damit verbundene Anliegen einer Zivilisations- und Fortschrittskritik ist in den Versuch eingebunden, mit literarischen Mitteln kritische Sozialgeschichte zu schreiben. Mit der Schilderung von Franklins Lebensweg gehen soziale Milieustudien einher – zumeist knappe Impressionen aus der Perspektive des Protagonisten –, die Armut und Elend zur Zeit der Industriellen Revolution illustrieren:

John stapfte weiter bis nach Bethal Green und roch den fauligen Geruch der Kellerwohnungen. Geduldig hörte er ein dünnes, höchstens dreizehnjähriges Mädchen an, das ihn in eine dieser Wohnungen einladen wollte. Zwei ihrer Brüder seien deportiert worden, weil sie aus einem

> Laden einen halbgekochten Kuhfuß gestohlen und den verzehrt hätten. Sie wolle sich gern ausziehen für den Herrn, ganz langsan, und dabei ein Lied singen, alles für einen Penny. John fühlte Rührung und Beklemmung, gab ihr einen Schilling und flüchtete ratlos. (334)

Mädchen, Kinder noch, die, um nicht zu verhungern, gezwungen sind, sich zu prostituieren (78 f., 334 f.); zwölfjährige Jungen, die, weil sie ein kleines Stück Fleisch gestohlen haben, nach der Strafinsel Van Diemen's Land deportiert werden (182, 334); Menschen, die in Armenhäusern, umgeben von Schmutz und Ratten, ein elendes Leben fristen (145 f.). Sie erscheinen jedoch noch privilegiert gegenüber jenen, die – weil sie ihre Schulden nicht haben zurückzahlen können – unter inhumanen Bedingungen, halb wahnsinnig in Gefängnissen vor sich hin vegetieren (146 f.); weitere Folgen sind Kinderarbeit in den Fabriken (124); Verelendung der Bauern, deren Söhne mit Alkohol und Prügel zum Kriegsdienst gepreßt worden oder in die nächstliegenden Fabriken abgewandert sind (124 f.); unmenschlicher Drill in den Schulen (29 ff.); brutale Mißhandlungen in der Marine (52 f.); Arbeitslosigkeit und Armut in den Städten (157, 166).

Das ist das Bild der britischen Gesellschaft des frühen neunzehnten Jahrhunderts, das der Romancier präsentiert. Der Autor zeigt, wie hoch der Preis war, der für die Industrielle Revolution zu entrichten war, und er läßt keinen Zweifel daran, auf wessen Kosten der Fortschritt sich Bahn brach. Der inhumanen frühindustriellen Gesellschaft stehen programmatisch Franklins Utopien gegenüber: „Kampf gegen unnötige Beschleunigung, sanfte, allmähliche Entdeckung der Welt und der Menschen". (339) Zwei Kapitel (Kap. 16 u. 17) über müht sich der Protagonist, diese Utopien zu konkretisieren und im Rahmen seines „Franklinschen Systems" Konzepte zu ihrer schrittweisen Realisierung zu entwickeln. Schließlich nimmt er jedoch Abschied von dem Versuch, seine individuelle Methode der Lebensbewältigung der kranken Gesellschaft als Heilmittel angedeihen zu lassen (315). Er konstatiert, daß das Bestreben, die Menschen „ändern" und „zwingen" zu wollen, unsinnig sei (292), und konzentriert sich darauf, selbst seinen hohen ethischen Ansprüchen gerecht zu werden und inneren Frieden zu finden. Darin kommt tiefe Skepsis gegenüber politischen Entwürfen und Versuchen ihrer dekretierten Umsetzung zum Ausdruck.

3.5
Erzählkonzeption und Erzählstruktur

3.5.1
Zur Technik der Figurendarstellung

Der Protagonist der *Entdeckung* ist, abgesehen von einer Ausnahme[119], die einzige dynamische Figur innerhalb des Romans. Seine vermeintliche Schwäche, die Langsamkeit, bildet den Ausgangspunkt für eine sukzessive charakterliche Vervollkommnung, die in einen Zustand zeitentrückter Weisheit mündet. Als Held eines Entwicklungsromans wird Franklin von einem dezent auktorialen Erzähler mit spürbarer Sympathie durch die Stationen seines Lebensweges begleitet. Der Einsatz verschiedener erzähltechnischer Mittel sichert eine durchgängig positive Darstellung, wobei unübersehbar ist, daß dem Protagonisten eine solche Protegierung in seiner Funktion als Repräsentant einer bestimmten Idee widerfährt. Nicht nur aus der Sicht des Erzählers (132 f., 173 ff., 344 f.), sondern auch aus der Perspektive der meisten Mitglieder des Figurenensembles (55, 102, 119, 132, 157, 239) werden die positiven Eigenschaften und die ungewöhnlichen Fähigkeiten des Helden immer wieder hervorgehoben. Eine Grundfigur der Positivbewertung besteht darin, daß John – wegen seiner Langsamkeit zunächst geringgeschätzt und verhöhnt – sich durch seine menschlichen Qualitäten, außerordentlichen Leistungen und heroischen Rettungstaten Anerkennung und Bewunderung seiner Mitmenschen erkämpft (102 f., 118 f., 132 f., 157 f., 202 f.).

Nur wenige Figuren versagen dem Helden dauerhaft den Respekt und beharren auf Negativurteilen. Es sind dies jedoch ausnahmslos Gestalten, die, wie Barker, Montagu, Maconochie oder Back, durch grobe negative Charakterisierungen so nachhaltig diskreditiert sind, daß ihren Bewertungen kaum Bedeutung beizumessen ist. Ihren Einschätzungen stehen zudem die besonders ins Gewicht fallenden Urteile der wenigen positiv gezeichneten Figuren, des Kapitäns Metthew Flinders (72 ff.), des Indianerhäuptlings Akaitcho (226 f., 237 ff.) oder der intelligenten, einfühlsamen Sophia (320 ff.) gegenüber. Die positiven Meinungen über Franklin werden verstärkt durch die Einblicke in seine Gedankenwelt, die der Erzähler zu geben vermag. Was der Held denkt, was sich in seinem Kopf an kritischen und selbstkritischen Einsichten sammelt, scheint so unabweislich vernünftig und human, daß es per se für seinen Urheber spricht. Nicht minder effektiv als Mittel der Positivbewertung ist Nadolnys Technik der Handlungsführung, die in vielen Fällen ein argumentatives Eintreten des Protagonisten für seine Positionen überflüssig werden läßt. In zahllosen Alltags- und Gefahrensituationen (22 ff., 100 f., 141 f., 199 f., 202 ff., 211 ff., 240 ff.) erweist sich die Richtigkeit von Johns Grundsätzen (s. o.). Der Verlauf seines Lebens, das hart, aber auch ereignisreich und befriedigend ist, zeigt, daß der Protagonist den herrschenden Handlungs- und Orientierungsmustern etwas Bedenkenswertes entgegenzusetzen hat. Noch die Stunde seines Todes wird als Siegesfeier für das Prinzip Langsamkeit zelebriert (350, s. o.). In dieser Darstellung liegt ein Plädoyer für die Individualität, für das Recht des Menschen auf eine eigenständige, seinen spezifischen Anlagen und Fähigkeiten entsprechende Entwicklung.

Die Entdeckung der Langsamkeit kann je nach Perspektive des Betrachters als historisch-biographischer, als Entwicklungs-, Abenteuer-, ggf. auch als Antikriegsroman, keinesfalls jedoch als psychologischer Roman bezeichnet werden. Psychologie spielt in Nadolnys Werk eine untergeordnete Rolle. Der Protagonist verfügt über ein differenziertes psychisches Eigenleben nur insoweit, als dies aus Gründen der Motivierung und der Plausibilität der Handlung unerläßlich scheint. Auf Subtilität und Tiefe im Sinne eines psychologischen Realismus wird jedoch verzichtet. Der Held der *Entdeckung* ist in erster Linie Repräsentant einer Idee. Als solcher gewinnt er Profil, in Korrespondenz zu dieser stehen seine individuellen Eigenschaften und Charakteranlagen.

Noch stärker als im Falle des Protagonisten macht sich bei den übrigen Figuren des Romans der weitgehende Verzicht auf Psychologisierung und Individualisierung bemerkbar. Das gesamte Figurenensemble ist grob typisiert und flächig angelegt. Wenngleich viele Figuren historisch authentische Namen tragen – Eleanor Porden, Jane Griffin, George Back, Metthew Flinders, Alexander Machonochie, John Hepburn, Robert Hood, Dr. Richardson, Lord Stanley u. v. a. –, fehlt ihnen doch ein unverwechselbares, individuelles Eigenleben. Nadolnys Interesse zielt nicht darauf, historische Personen literarisch wiederentstehen zu lassen. Seine Figuren sind Repräsentanten bestimmter Ideen und Verhaltensweisen. Das führt zuweilen – wie im Falle des Kapitäns Metthew Flinders, streng, aber gerecht, der Aufklärerin Eleanor Porden, intelligent, aber überspannt oder des Offiziers John Hepburn, gutmütig und bieder, – zu etwas blutarmen Figuren und zu Motivierungslücken. Erkennbar wird dies am Beispiel der Wandlung des Offiziers George Back vom hektisch-rücksichtslosen Karrieristen zum geduldigen Adepten des Franklinschen Systems.[120] Dieser Mangel wird kompensiert durch die ungeheure Breite des Figurenensembles, den schnellen Wechsel von Themen und Bildern und die Fähigkeit des Autors, pointiert und spannend zu erzählen. Für die Zwecke eines Entwicklungsromans erweist sich das mitgliederstarke, typisierte Figurenensemble zudem als nützlich. Der Protagonist reift und gewinnt Profil durch die Abgrenzung zu Vertretern bestimmter Ideen, Weltanschauungen und Lebensauffassungen. Dabei wird zuweilen durchaus argumentiert, etwa in den Diskussionen zu Fragen des Glaubens und der Religion mit Dr. Richardson (213 ff.) oder in den politischen Gesprächen mit Flora Reed (176 ff., 181 ff.). Wenn es allerdings um das Prinzip Langsamkeit geht, ist der Held vom Argumentieren weitgehend dispensiert, wird die Richtigkeit seiner Auffassung über erzähltechnische Arrangements verifiziert (s. o.).

Die Repräsentanten bestimmter Ideen und Verhaltensdispositionen lassen sich in Gruppen zusammenstellen. Die wichtigste und zahlenmäßig stärkste unter diesen umfaßt all jene Figuren, die wie Barker, Lacy, Simmonds, Back, Walker, Dance u. a. als typische Repräsentanten des Zeitalters für das Prinzip einer gedankenlos-oberflächlichen Schnelligkeit stehen. Neben dieses Ensemble der ‚Hochgeschwindigkeitstypen' tritt das der eigensüchtigen Karrieristen (Montagu, Maconochie, Burnaby, Peel, Lord Stanley, Back) und das der theoretisierenden ‚Weltverbesserer' (Maconochie, Pordon, Reed, Tuttle). Gemeinsam ist den Mitgliedern dieser drei Gruppen eine entschieden negative Bewertung.[121] Mehr oder weniger sind alle diese Figuren durch charakterliche Deformationen und Neurosen gezeichnet, die – ohne daß ihre Genese nachvollziehbar wäre – in Korrelation zu den historisch-gesellschaftlichen Bedingungen des Zeitalters der Industriellen Revolution zu stehen scheinen: Der Offizier George Back (186 ff.) etwa ist krankhaft ehrgeizig und ungeduldig, der Koloniesekretär John Montagu falsch und verschlagen (292 ff.), der Lehrer Andrew Burnaby unaufrichtig und opportunistisch (36 ff.), der Schiffskommandant Nathaniel Dance engstirnig und selbstgefällig (110 ff.) und der Privatsekretär Alexander Maconochie großtönend und eingebildet (293 ff.). Diese Figuren werden im wesentlichen mit dem gleichen Instrumentarium geschlagen, das zur Protegierung Franklins dient. Aus der Perspektive des Erzählers oder des Protagonisten werden ihre Verhaltensauffälligkeiten registriert:

> Er [der Matrose Denis Lacy] war der Schnellste und er zeigte das allen [...] Aus höherer Geschwindigkeit leitete er das Recht ab, anderen wegzunehmen, was sie gerade in den Fingern hatten [...] Je länger einer sprach, desto öfter unterbrach ihn Denis, um zu versichern, daß er verstanden hatte. Zwischendurch sprang er auf, weil er etwas tun mußte [...] tänzelte [...] hin und her oder rannte die Niedergänge in einer Weise hinab, daß es klang wie ein Trommelwirbel. (89)

Der Autor nutzt eine breite Palette entlarvender Erzähltechniken. Hier verweist der Erzähler durch eine kommentierte Aneinanderreihung von Beobachtungen auf die Geschwindigkeitsneurose des Matrosen Denis Lacy. In der folgenden Darstellung des Treibens in Eleanors literarischem Salon wird schwereres Geschütz zur Diskreditierung bestimmter Figuren aufgefahren:

> Eleanors Zirkel hieß Attic Chest. Es ging bei ihr sehr griechisch zu. Die Stoffbespannung an der Wand enthielt allerlei Tempelreste, Amphitheater und Ölbäume [...] Mehrere Mitglieder der Versammlung wollten demnächst sterben, am liebsten in Hellas, notfalls auch in Rom [...] John war sehr froh, daß man ihn nichts fragte, er schwieg und beobachtete die anderen mit wachsender Verwunderung [...] Da gab es Menschen, die laut und begeistert von sich selbst sprachen wie Eleanor. Das gab ihnen einen Schwung, der es anderen schwer machte, sie zu unterbrechen. Andere sagten am Ende jedes Satzes ‚und'. Aber sie waren machtlos gegenüber denjenien, die es verstanden, in die hauchdünne Pause vor dem ‚und' einzudringen und Bemerkungen zu machen. Die Hauptspielregel hieß offensichtlich: Das Wort ergreifen und so lang wie möglich behalten. (272)

Die Diskreditierungsabsicht ist hier erzähltechnisch geschickt umgesetzt. John, der ansonsten nicht in literarischen Zirkeln verkehrt, registriert staunend und mit einem Schuß Naivität das eigentümliche Verhalten der Anwesenden in Eleanors Salon. Dort, wo die Naivität des Protagonisten das Maß des Glaubwürdigen überschreitet –: „Die Hauptspielregel hieß offensichtlich [. . .]“ – entpuppt sie sich als dekuvrierende Ironie des Erzählers. Naivstaunende und ironisch-entlarvende Betrachtungsweise verschmelzen hier miteinander und führen im Ergebnis dazu, daß die Mitglieder des literarischen Zirkels der selbstgefälligen Geschwätzigkeit überführt und der Lächerlichkeit preisgegeben werden.

Mit den drei oben genannten Gruppen ist das Figurenensemble der *Entdeckung* nicht in toto erfaßt. Der Roman ist von einer ungeheuren Zahl an Chargen bevölkert. Auch unter diesen lassen sich wiederkehrende Typen – der vierschrötige Seemann, der skurrile Naturwissenschaftler, der unverbesserliche Militarist, der Mystiker, der Miesmacher usw. – auffinden, die sich zu Gruppen zusammenfassen ließen. Die Bedeutung dieser Figuren für das Gesamtverständnis des Romans ist jedoch nicht allzu hoch zu veranschlagen. Ihre Funktion reduziert sich wesentlich darauf, der Romanwelt Buntheit zu verleihen. Wichtiger ist die überschaubare Zahl jener Figuren – Metthew Flinders (28 f., 72 ff., 81 f., 89 f., 91 f., 112 f.), Jane Griffin (287 ff., 321 ff., 326 f., 332 f., 351 f.), Sherad Lound (9 ff., 71 f., 323 ff.), Akaticho (223 ff.), Sophia (320 ff.), Robert Hood (216 ff.), Dr. Richardson (213 ff.), Mary Rose (78 ff., 121 ff.) u. a. –, die mit Hilfe der bereits vorgestellten Techniken eine Positivbewertung erfahren. Auf die Begegnungen mit ihnen gründet sich Johns Vertrauen in die Menschen, sie ermöglichen es ihm, in einer von Ausbeutung, Unterdrückung, gnadenloser Konkurrenz, Gewalt und Niedertracht dominierten Welt an der Idee der Humanität festzuhalten.

3.5.2 Erzählposition, Erzählverhalten und Handlungsführung

Ein dezent auktorialer Erzähler führt den Leser in variierender Erzählhaltung durch die *Entdeckung der Langsamkeit*. Die Handlung ist einsträngig und transparent. Das chronologisch strukturierte, im konsequenten Präteritum gehaltene Erzählkontinuum bietet dem Leser – etwa durch eingestreute Daten und Ortsnamen – durchgängig Orientierungsmöglichkeiten. Der Blick des Erzählers ist, bezogen auf den Handlungsverlauf, begrenzt[123] – er vermag über die dargestellte Situation selbst kaum hinauszuschauen, geschweige denn weitreichende historische Abläufe zu übersehen –

läßt sich jedoch, was das Verhältnis zum Romanhelden angeht, als olympisch bezeichnen. Während der Erzähler zum Innenleben der übrigen Figuren des Romans allenfalls über Vermutungen Zugang besitzt, weiß er um alle Gedanken, Wünsche, Hoffnungen und Ängste des Protagonisten, verfügt hier also über die Innensicht. Die intime Vertrautheit des Erzählers mit der Hauptfigur führt dazu, daß Erzähler- und Figurensicht häufig kaum auseinanderzuhalten sind:

> Die Matrosen kamen erst spät an Bord, von Einheimischen herangerudert. Einige hatten einen solchen Rausch, daß sie per Flaschenzug über die Reling gehievt werden mußten. Der Vater hatte hie und da ein Glas zuviel getrunken, Stopford einige mehr, aber was diese Seeleute sich antaten, mußte noch anders heißen. Sie fielen in die Kojen und tauchten erst wieder auf, als man die Anker lichtete. Zuvor zeigte einer, nicht so betrunken wie die anderen, John seinen Rücken: kreuz und quer war die braune Haut von weißen Striemennarben durchfurcht [...] (52)

Auf den ersten Blick scheint es sich hier um einen geschlossenen Erzählerbericht zu handeln. Lediglich der bestimmte Artikel vor dem Substantiv Vater, der, anders als etwa die Bezeichnung „Johns Vater", eine Nähe zu der als Vater bezeichneten Person herstellt, die eigentlich nur John, der Sohn, selbst beanspruchen kann, deutet darauf hin, daß ein Perspektivenwechsel vorliegen könnte. Will man einen solchen unterstellen, so wäre zumindest der Satz „Der Vater hatte hie und da ein Glas zuviel getrunken [...]" der personalen Perspektive zuzuordnen. Dafür spricht, daß diesem Textteil, im Unterschied zu den anderen, keine Gemütsregung verratenden Sätzen ein Unterton des Staunens beigelegt scheint. Grund zu staunen aber hat in der Tat der vierzehnjährige, erstmalig auf einem Kriegsschiff befindliche John Franklin. Unproblematisch ist ein solches Rückschlußverfahren jedoch nicht, da immer wieder zu beobachten ist, daß der Erzähler sich in seiner Betrachtungs- und Darstellungsweise dem jeweiligen Bewußtseins- und Entwicklungsstand des Protagonisten annähert. Unterstellt man jedoch, es handelte sich hier um einen Perspektivwechsel, so ergibt sich die Frage nach der Zuordnung der anschließenden Passage. Greifbar wird der Erzähler wieder mit dem Satz „Zuvor zeigte einer, nicht so betrunken wie die anderen, John seinen Rücken [...]", der den Helden über die Außensicht innerhalb eines Geschehens präsentiert. Spätestens hier also wäre ein erneuter Perspektivwechsel zu konstatieren, der allerdings auch schon mit dem in nüchternem Berichtston abgefaßten vorausgehenden Satz angesetzt werden könnte. Derartige, nicht immer genau zu qualifizierende Perspektivbewegungen durchziehen den gesamten Roman.

Wenngleich es Szenen gibt, in denen der Erzähler sich kommentierend und bewertend über den Protagonisten erhebt (52 ff., 271 ff.), so bleibt doch sein Blickpunkt zumeist eng an die Hauptfigur gebunden. Es handelt sich um eine bewegliche Perspektivführung, die wie eine Kamera auf einer Schiene zwischen den Polen Figurensicht und Sicht des Erzählmediums hin- und herfährt. Perspektivwechsel sind so häufig kaum zu diagnostizieren, zumal der Autor auf die Technik des inneren Monologs – d. h. einer Wiedergabe von unausgesprochenen Gedanken, Assoziationen und Ahnungen des Protagonisten in direkter Ich-Form – weitgehend verzichtet.[124] Unter den Darstellungsformen dominieren Erzählerbericht und erlebte Rede bzw. der Wechsel zwischen diesen beiden Elementen.

Das in der *Entdeckung* immer wieder praktizierte Verfahren, den Erzähler hinter den Romanhelden zurücktreten zu lassen, kann als probates Mittel zur Stiftung einer intimen Nähe zwischen Leser und Hauptfigur gelten. Dem Leser wird suggeriert, er stehe mitten im Geschehen, an der Seite des Helden, nehme die Ereignisse mit dessen Augen wahr. Die Art, wie der Protagonist in das Geschehen involviert ist, und die Haltungen, die er zu diesem einnimmt, fördern dabei die Tendenz, die Dimension des Kommentars in Latenz zu halten. John bewegt sich über weite Strecken des Romans im Gestus des naiven Staunens und des betroffenen Registrierens, also scheinbar rein rezeptiv. Wenn er Partei ergreift, dann stets für die gute Sache. Diese Form der Darstellung zielt darauf, den Protagonisten und damit das sich hinter diesem verbergende Erzählmedium als vertrauenswürdig zu charakterisieren und die Bereitschaft des Lesers zu stärken, sich mit dem Helden zu identifizieren.

Wenn Nadolny sich in seiner *Entdeckung* auch weitgehend an traditionellen Erzählmustern orientiert, so greift er doch durchaus auch auf moderne Erzähltechniken zurück. „Das Engagement, auch das literarische, beginnt bei der Schärfe der Wahrnehmung" heißt es in Nadolnys *Münchener Poetik-Vorlesung*.[125] In seinem

Franklin-Roman versucht der Autor, seine Leser insbesondere über filmische Techniken zu neuen Wahrnehmungsweisen zu führen.

> Als er wieder im Geschützdeck war, gab es jäh eine scharfe Helligkeit und großes Getöse: ein Schiff in der Nähe war explodiert. Er hörte „Hurrah", dazwischen immer wieder einen Schiffsnamen. Mitten im Hurrah aber kamen ein durchdringendes Knarren und Krächzen und ein Stoß: ein dänisches Schiff legte sich längsseits. Und durch die zerrissene Stückpforte sprang einer herein. John fing das Bild eines hellen, fremden Stiefels auf, der plötzlich hereinfuhr und Halt fand, eine schnelle bedrohliche Bewegung, über der John, weil das Bild in ihm stehenblieb, alle weiteren Vorgänge nicht erfaßte. Sein Kopf dachte automatisch: Wir zeigen es ihnen! [...] Das nächste, was er sah, war der geöffnete Mund ebendieses Mannes und seinen, Johns, Daumen an dessen Hals [...] Wenn John einen gepackt hatte, gab es kein Entkommen. Nun sah er an der Peripherie seines Blicks die Pistole auftauchen. Das lähmte sofort [...] (63)

Es handelt sich hier um die Darstellung der Schlacht vor Kopenhagen (1801). Die Optik zielt zunächst auf eine Totale, die das hektische Getümmel der Schlacht einzufangen sucht. Langsam verengt sich die Perspektive von der Weitwinkel- zur Teleposition – zwei miteinander im Kampf befindliche Schiffe – um schließlich ein Detail, den Stiefel eines Angreifers, aus der Sicht des Protagonisten in Großaufnahme zu präsentieren. Dieses Detail, ansonsten innerhalb des Schlachtgeschehens völlig nebensächlich, verweist auf die persönliche Bedrohung des Helden. Deshalb wird es ins Zentrum des Blickes gerückt. Das Bild wird übermächtig und bleibt in John stehen. Zugleich wird es zum Standbild auch für den Leser, dem zunächst alle weiteren Bilder von der Schlacht vorenthalten werden. Statt dessen erfährt er etwas über die Gedankenwelt Johns, über die Wirkungen der Kriegspropaganda, der der Held ausgesetzt war. Erst nach gebührender Pause, wenn die erste Nahaufnahme sich gesetzt hat, folgt die zweite, eine Kampfszene, in der Franklin sich selbst wie der Betrachter eines Films wahrnimmt. Es schließt sich eine über die Schlachtszene hinausweisende Erläuterung des Erzählers an, bevor das nächste Standbild folgt, das wiederum von einer retardierenden, introspektiven Darstellung abgelöst wird. Mittels dieser Zeitraffertechnik, die Standbild an Standbild reiht, gelingt es dem Autor, die spezifische, d. h. ver-

langsamte Wahrnehmungsart des Protagonisten und zugleich die physische und psychische Bedrohung des Individuums im Krieg zu veranschaulichen (vgl. a. 29 ff., 62 ff., 114 ff., 135 ff., 149 ff.).

> Beim Schreiben und bei jedem anderen ‚vorbereiteten' Erzählen gibt es niemals nur das Erzählen selbst, sondern immer zugleich ein Erzählen dieses Erzählens.[126]

Dieser Satz aus Nadolnys *Münchener Poetik-Vorlesungen* findet seine Bestätigung insbesondere im 15. Kapitel der *Entdeckung* („Ruhm und Ehre"). Hier wird die Entstehung von Franklins *Bericht über eine Reise zu den Küsten des Polarmeeres* geschildert. Es ist zu vermuten, daß Erfahrungen, die Nadolny selbst als Autor gesammelt hat, hier eingeflossen sind. Etwa wenn Franklins Formulierungsnöte thematisiert werden, seine Schwierigkeiten, einen Einstieg zu finden (269) und die Erfahrung zu bewältigen, daß Erinnerung sich im Medium der Sprache zu etwas Fremdem verändert (270); oder wenn der Prozeß des Schreibens als etwas Hartes, zuweilen Quälendes, letztlich jedoch sehr Befriedigendes dargestellt wird (269/70). In einer der ersten Rezensionen zur *Entdekkung* findet sich gar die These, daß im Anforderungsprofil, welches der Held der Fiktion für sein Buch, den Reisebericht, entwickelt –

> Das Buch mußte [. . .] gut geschrieben sein [. . .] Es mußte einfach sein, damit die Leute begriffen, wie gut es war. Es mußte über dreihundert Seiten haben, damit alle, die es besaßen, sich damit sehen lassen konnten. (271)

– die dem Roman zugrundeliegende Poetik zu erblicken sei: „Das ist Sten Nadolnys Poetik. Sein Roman ist gut geschrieben, er ist einfach und er hat über dreihundert Seiten."[127] Wenngleich der ironische Status der letzten der drei Forderungen unübersehbar ist, und die übrigen beiden Postulate Nadolnys Poetik kaum hinreichend wiederzugeben vermögen, scheint diese These doch insofern nicht gänzlich ohne Belang, als es dem Autor offenkundig um einen populären, nicht jedoch um einen populistischen Roman zu tun ist. Daß Franklin Henry Fielding seine Reverenz erweist, indem er sein Grab aufsucht (51), scheint mehr als eine Marginalie zu sein. Bei aller gebotenen Skepsis gegenüber diachronen Vergleichen lassen sich doch hoher stilistischer Anspruch in Verbindung mit dem Bemühen um Luzidität und Unterhaltungswert, auktorial-ironische Erzählweise, entlarvenden Witz, typisierende Figurenkonzeption und moralisches und sozialkritisches Engagement durchaus in Beziehung zur angelsächsischen Erzähltradition des 18. Jahrhunderts, speziell zu Fieldings *Tom Jones,* setzen.

3.5.3
Stil

In den Rezensionen zur *Entdeckung der Langsamkeit* wird immer wieder die stilistische Meisterschaft hervorgehoben, mit der Nadolny die Geschichte John Franklins erzählt.[128] In der Tat wirkt der Text bis ins Detail durchgearbeitet. Nadolny schreibt nüchtern-knapp[129], in luziden, parataktischen Reihungen. Die Sprache ist schnörkellos und präzise. Auf preziöse Wendungen oder ambitionierte Metaphern wird ebenso verzichtet wie auf Historisierungen. Der schnelle Wechsel von Themen und Bildern, Stil- und Tempovariationen, Witz und Ironie sorgen dafür, daß die Erzählung selten in Gefahr gerät, langatmig zu wirken. Der Erzählstil wird dem situativen Kontext, dem Entwicklungsniveau und der jeweiligen psychischen und physischen Disposition des Helden angepaßt.

So gelingt es dem Autor im ersten Kapitel überzeugend durch eine von kindlichen Gedanken und Fragen durchsetzte Erzählweise, die naives Staunen zum Ausdruck bringt, die Erlebnis- und Bewußtseinswelt eines zehnjährigen Kindes entstehen zu lassen. Interessiert sich der Held später als Erwachsener für ein bestimmtes Phänomen, oder versucht er, ein schwieriges Problem zu lösen, so wird in wissenschaftlich-explanativer Diktion erzählt (45 ff., 172 f., 199 f.). Beobachtet er das sinnlos-hektische Treiben seiner Kameraden, so herrscht eine ironische Tonlage vor (136 ff., 155 ff.), und produziert Franklin sich als bewundernder Naturbetrachter, dominiert eine getragen-feierliche Darstellung (23 f., 165 f., 194 f.). Solche Stilvariationen stehen fast immer im Kontext einer Positivbewertung des Helden, der auf diese Weise als interessiert, liebenswert, intelligent, kritisch und sensibel charakterisiert wird. Über den Stil erlangt die Langsamkeit in der *Entdeckung* sinnliche Präsenz. Johns gründliche und bedächtige Art der Wahrnehmung findet ihren Ausdruck in einer Erzählweise, die unzähligen Details nachgeht und mit reflektierenden Elementen durchsetzt ist, die das Geschehen jedoch an keiner Stelle überwuchern.[130] Der/die Leser/in wird in den Bannkreis der Langsamkeit gezogen, die trivialsten Vorgänge erscheinen ihm/ihr in einem neuen Licht.[131]. Er/Sie sieht die Welt aus der Perspektive des Protagonisten, d. h. in bisher nicht gekannter Weise. Nadolny gelingt dies – und darin mag eine Erklärung für den ungeheuren Publikumserfolg des Romans liegen – scheinbar mühelos, ohne daß er auf quer zum Erzählkontinuum stehende Elemente zurückgreifen müßte, einzig durch die an die Perspektive des Protagonisten gebundene Schilderung einer Ereignisfolge.

Unübersehbar in Nadolys Roman ist die Freude an ironischen und pointiert-witzigen Wendungen:

> Die härteste Arbeit [für John Franklin] war der Tee bei Madame la Dauphine, deren erlesene Kekse er sofort gegen tripes de roche[132] eingetauscht hätte, wenn er dafür keine Plauderfragen hätte beantworten müssen. (289)

Witz und Ironie richten sich durchaus auch gegen den Protagonisten. Freilich wird John nie als Person diskreditiert. Allenfalls werden die komischen Aspekte einzelner seiner Eigenschaften – etwa seiner Naivität (52 ff.) oder seiner Langsamkeit (91 ff.) – in den Blick gerückt. Das geschieht jedoch immer mit einem Unterton des Wohlwollens und der Sympathie. Ansonsten liegt die Funktion von Ironie und Komik in der *Entdeckung* allerdings wesentlich darin, das Hohle, Unaufrichtige, Inhumane und Bedrohliche hinter bestimmten Haltungen, Situationen und Geschehnisabläufen zu entlarven. Das geschieht auf vielfältige Weise; etwa indem der Leser durch gezielte Informationen in die Lage versetzt wird, die Funktion bestimmter Strukturen zu erkennen:

> Kurz bevor die Ferien zu Ende gingen, versammelten sich die Franklins um den großen Eßtisch. Bei manchen Entscheidungen ließ der Vater die Familie mitsprechen. Er selbst sagte das Wichtige, und die anderen redeten gerade soviel, daß es nicht so aussah, als sagten sie nichts. (54)

Oder der Erzähler gibt über das Mittel der ironischen Übertreibung ausgesuchte Haltungen und Aussagen – z. B. die der selbstgefälligen Literaten in Eleanors literarischem Salon – der Lächerlichkeit preis:

In den Gedichten ging es ebenso wie in der Unterhaltung um Gefühle und Elemente. Von den elektrischen Grundlagen der Sympathie und von Feuerteilchen, die sich in jeder Materie befänden – sie gäben allen Dingen ihr spezifisches Temperament. Aus Breslau stammte die These, ein Diamant sei ein zu sich selbst gekommener Kieselstein. Ein Sonntag reichte nicht aus, um solche Ahnungen und Erkenntnisse gewissenhaft zu bedenken, vom Besprechen gar nicht zu reden. (272)

In anderen Fällen signalisieren grotesk-komische Äußerlichkeiten und Verhaltensweisen, daß es sich hier um Figuren handelt, deren Aussagen nicht ernst zu nehmen sind:

Sie [Miss Tuttle] begann das Zuhören mit hoch erhobenem Haupt, senkte dann nach und nach das Kinn, bis es schließlich auf ihrem Spitzenkragen anlangte. Spätestens dann fing sie unweigerlich zu sprechen an, ob der andere nun fertig war oder nicht. (272/73)

Auch in der Darstellung des Krieges gelangt die Technik der dekuvrierenden Komik zum Einsatz: „Dann das Blut. So viel davon schwimmen zu sehen machte besorgt. Schließlich fehlte es ja irgend jemandem, es lief aus den Menschen heraus. Überall." (62) Das blutige Gemetzel einer Seeschlacht wird hier in einer situationsinadäquaten, betont undramatischen Weise geschildert, wodurch die Menschenunwürdigkeit der Konstellation besonders hervorgehoben wird. Wenngleich Witz und Komik zuweilen etwas wohlfeil wirken – „Neben dem Kapitän fehlte plötzlich der Kopf eines Zuhörers und damit der Zuhörer selbst". (63); „Mit ihr [der Schaukelbewegung des Schiffes] hatte die Schwäche des Magens am meisten zu tun, aber auch die Lähmung des Kopfes, der nach und nach so dumm wurde wie der Eimer unter ihm." (45) – so erweisen die vorgestellten ironisierenden, karikierenden, grotesk verzeichnenden und Komik erzeugenden Stilmittel sich jedoch insgesamt mit Blick auf die kritisch-dekuvrierenden Intentionen des Autors als funktional.

3.6 Geschichts- und Menschenbild

Nadolnys Geschichts- und Menschenbild bewegt sich zwischen den Polen Skepsis und Hoffnung. Skepsis erzeugt zunächst die Präsentation der zentralen Thematik des Romans. Gezeigt wird, wie eine bestimmte Tendenz, die Orientierung an den Prinzipien von Geschwindigkeit und Fortschritt, sich zu einem Dogma verfestigt, das die Geschichte in fataler Weise prägt. Die Menschen in Nadolnys Roman scheinen weder willens noch in der Lage, die Wirkungen des Geschwindigkeits- und Fortschrittsfetischismus zu analysieren, geschweige denn, sie zu kritisieren. Vielmehr arrangiert die Mehrzahl unter ihnen sich mehr oder weniger reflexionslos mit den entsprechenden Wertehierarchien und Anforderungen. Daraus resultiert eine Form von Sozialdarwinismus, in dem die Schnellen und Aggressiven, den Strukturen der frühindustriellen Gesellschaft Angepaßten, sich durchsetzen, während die Langsamen, die Alten und Schwachen, aber auch die Nachdenklichen und Skrupulösen auf der Strecke bleiben.

Wenn in der *Entdeckung* auch Egoismus, Aggressivität, Rücksichtslosigkeit, Gewinnsucht und Brutalität unter den Menschen dominieren, so bleibt diese Darstellung doch nicht ohne Kontrapunkt. Das dem Roman zugrundeliegende Menschenbild scheint zwar von Skepsis geprägt, zugleich jedoch auch von der Hoffnung auf das Gute im Menschen und auf positive Entwicklungsmöglichkeiten der Gattung bestimmt. Dies ist nicht nur aus der Idealisierung des Protagonisten abzuleiten, in der die Utopie des bürgerlichen Individualismus Gestalt annimmt, sondern durch zahlreiche Beispiele zu belegen. Die Akte der Humanität unter den darbenden Männern in der Arktis (211 ff.), der selbstlose Mut der Franklin auf einer Expeditionsreise begleitenden Sträflinge (330 f.), das aufopferungsvolle soziale Engagement einer Jane Griffin (287 ff.), die Hilfsbereitschaft eines Dr. Richardson (213 ff.) oder die Integrität und Gerechtigkeit eines Metthew Flinders (28 ff., 72 ff., 89 ff.) verweisen auf ein Potential positiver menschlicher Anlagen. Freilich sind die sozialen Bedingungen, unter denen die Menschen in der frühindustriellen Konkurrenzgesellschaft leben (s. o.), wenig geeignet, diese Anlagen zu kultivieren. Vielmehr fördern sie geradezu amoralisches Verhalten.

Als Konsequenz aus dieser Einsicht, die der Protagonist im Verlaufe seines Lebensweges gewinnt, ergibt sich der Entschluß, die gesellschaftlichen Rahmenbedingungen zu ändern. Aus Franklins fehlgeschlagenem Versuch, diesen Entschluß als Gouverneur auf Van Diemen's Land in die Tat umzusetzen, läßt sich die These ableiten, daß, wer auf dem Feld der Politik erfolgreich sein will, sich der gleichen infamen Strategien bedienen muß, wie die, die er wegen ihrer Amoralität bekämpft. Für Franklin wäre dies gleichbedeutend mit dem Verlust der Selbstachtung und der persönlichen Würde. Einer solchen Gefahr sich auszusetzen, kann von niemandem erwartet werden, insofern erscheint Sir Johns Rückzug aus der Politik nicht als Flucht vor der Übernahme von Verantwortung, sondern als eine Handlung, die nötig ist, um die eigene Identität zu wahren. Der Rückzug des Protagonisten geht allerdings zumindest zeitweise über den Bereich der Politik hinaus.

In der *Entdeckung* wird immer wieder der ungeheuren Geschwindigkeit, dem ständigen Wechsel, der Aggressivität und Gewalt der sich entfaltenden kontingenten Menschheitsgeschichte kontrapunktisch die stille, friedliche, dauerhafte, unendliche Natur gegenübergestellt. Dies ist mehr als ein Ausdruck für Franklins Sehnsucht nach Beziehungen zwischen den Menschen, die von Frieden und Zeit füreinander geprägt sind. Es läßt sich der Eindruck gewinnen, daß der Held vor der ‚häßlichen' Geschichte zu fliehen sucht und danach strebt, wie sein Freund Sherard Lound unerschütterlich zu werden wie ein Uferstein (325 f.). John will eingehen in den Kosmos der Natur. Ein Wunsch, der sich mit seinem Tod und der Versenkung seines Leichnams in die driftenden Packeismassen der Arktis erfüllt (351). Ein quietistisches Moment ist hier unübersehbar. Gleichwohl sollte diese Beobachtung nicht dazu verleiten, dem Roman insgesamt eine quietistische Ausrichtung zu unterstellen. Sozial- und zivilisationskritisches Engagement sind nicht zu leugnen. Dem Protagonisten selbst eignet zwar gegen Ende des Romans die Art eines weisen Mannes, der durch historische Ereignisse nicht zu beeindrucken ist. Er verweigert sich jedoch nicht vor den Menschen, begegnet ihnen mit eben dem Interesse und der Freundlichkeit wie vorher auch (332 ff.). Es handelt sich also nicht um einen totalen kontemplativen Rückzug, wie ihn etwa die Heldin in Lion Feuchtwangers Roman *Die häßliche Herzogin Margarete Maultasch* (1925) nach der Erfahrung der Vergeblichkeit ihres politischen Bemühens vollzieht.[133] Franklins Rückzug ist weniger als Plädoyer für Kontemplation und Weltflucht denn als Ausdruck tiefer Skepsis gegenüber dem Versuch zu betrachten, die Welt mittels umfassender politischer Entwürfe und Strategien verbessern zu wollen.

Der einzige erkennbare Ansatzpunkt einer zukunftsgerichteten, gesellschaftspolitischen Hoffnung liegt in Nadolnys Roman ähnlich wie in Heinrich Manns historischem Roman *Die Jugend und die Vollendung des Königs Henri Quatre* (1938) in der paradigmatischen Kraft der herausragenden Persönlichkeit. Die *Entdeckung* stellt einen Helden vor, der sich allen Manipulationsmechanismen und brutalen Zwängen zum Trotz zu einem Prototypen des guten Menschen entwickelt. Die im Roman zum Ausdruck kommende Hoffnung scheint nun darin zu liegen, daß dies auch unter den Einheit und Identität des Individuums verstärkt bedrohenden Bedingungen der spätindustriellen Gesellschaft des zwanzigsten Jahrhunderts noch möglich sei, und daß Humanität, Engagement und Wachsamkeit beispielgebend zu wirken vermöchten.

Paradigmatisch scheint in diesem Zusammenhang die Erläuterung des Offiziers George Back[134] unter dem Einfluß des Kommandanten Franklin (264 ff., 284 ff.).[135] Es handelt sich hier um ein Beispiel für den still wirkenden Einfluß der humanen, reflektierten Persönlichkeit, das die Möglichkeit der Veränderung der Menschen und damit der Geschichte andeutet. Der vormals krankhaft ehrgeizige und ungeduldige Back adaptiert die Grundsätze Franklins, nimmt sich Zeit zum Nachdenken, setzt sich mit herrschenden Normen- und Wertkonzeptionen auseinander, übt Selbstkritik, integriert die Dimension der Moral in sein Denken und Handeln – kurz: Er arbeitet wie Franklin permanent an sich selbst. Und eben dies, die durch Erkenntnis geweckte Bereitschaft der Menschen, aus freien Stücken an sich zu arbeiten und das eigene Tun wie das der anderen kritisch zu reflektieren, erscheint als Voraussetzung für eine humane Organisation menschlichen Zusammenlebens.

Wenn Backs Wandlung auch vor dem Hintergrund der Erlebnisse unter den extremen Bedingungen der Arktis gerade noch als hinreichend motiviert gelten kann, so erscheint es doch als Lücke innerhalb der Darstellung, daß der Wirkungsmechanismus, der die Wandlung von Menschen durch das beispielhafte Agieren einer Leitfigur ermöglicht, kaum transparent wird. Im Falle des Offiziers bleibt ebenso wie bei anderen Mitgliedern der Franklinschen Schiffsmannschaften unklar, welche psychischen Prozesse zur Aufweichung verinnerlichter Konventionen und Lebensmaximen führen. Ebensowenig findet eine Reflexion darüber statt, welche Bedingungen gegeben sein müßten, welche Widerstände zu überwinden, welche Gefahren zu vermeiden (falsche Leitfigur!) und welche Vermittlungsstrategien möglicherweise anzuwenden wären, damit die paradigmatische Kraft von Leitfiguren sich zum Wohle der Menschen entfalten kann. Die Hoffnung auf die Leitfigur scheint weder psychologisch noch gesellschaftspolitisch fundiert. Sie erweist sich als eine isolierte, fideistische Komponente innerhalb der ansonsten im Roman dominierenden skeptischen Geschichtsauffassung. Auf den Prozeß der Demontierung des Individuums, der im frühen neunzehnten Jahrhundert seinen Ausgangspunkt nahm und in der spätindustriellen Konsumgesellschaft unserer Tage einem Höhepunkt zusteuert, reagiert Nadolny mit einer Darstellung seines Protagonisten, die Ausdruck des Glaubens an die Vernunftfähigkeit, Einzigartigkeit und Würde des Individuums ist.

3.7
Zusammenfassung und Bewertung

In Nadolnys *Entdeckung der Langsamkeit* geht es wesentlich um eine die neuere europäische Geschichte prägende Dominante: den Geschwindigkeits- und Fortschrittsfetischismus, dessen Herausbildung untrennbar mit dem Zeitalter der Industriellen Revolution verbunden ist. In einer Fülle von Szenen führt der Autor vor, wie durch die Ausrichtung an den Kategorien Geschwindigkeit und Fortschritt inhumane, sozialdarwinistische Beziehungsmuster entstehen, die Unterdrückung und Krieg hervorrufen. Der Romancier stellt der herrschenden Orientierung des Zeitalters die Ausrichtung am Prinzip ‚Langsamkeit' – dessen Menschenfreundlichkeit im Zuge der Romanhandlung entdeckt wird – gegenüber. So gewinnt er ein zivilisationskritisches Fundament für seine Auseinandersetzung mit der Epoche der Industriellen Revolution. Dieses Verfahren kann – auch wenn der Geschwindigkeitswahn zuweilen nicht als Folge, sondern als Ursache für die sich entwickelnden kapitalistischen Produktionsverhältnisse erscheint – einen hohen Grad an Aktualität beanspruchen: zum einen, weil die hier kritisierte kulturelle Dominante unseren Alltag nach wie vor prägt und die Vorstellung des Gegenprinzips geeignet scheint, einen Reflexionsprozeß über Orientierungs- und Handlungsalternativen zu initiieren; zum anderen, weil der Autor, der sich der Historie aus der Perspektive ‚von unten' nähert, sozialgeschichtliche Themen von ungebrochener Relevanz behandelt.

Die Idee, auf das Prinzip Langsamkeit zu setzen, dieses dem Geschwindigkeitswahn industrieller Gesellschaften entgegenzustellen, kann ihre Herkunft aus der Gegenwart nicht verleugnen. Sie entstammt der Vorstellungswelt des Autors und nicht der Geschichte. Gleichwohl ist sie dieser nicht einfach übergestülpt, sondern steht in einem plausiblen Bezug zur dargestellten Historie. Repräsentant der Idee ist John Franklin, der damit zu einer reinen Kunstfigur mit der Gedankenwelt von heute wird. Mit seinem historischen Vorbild hat Nadolnys Protagonist nicht viel mehr gemein als einige biographische Äußerlichkeiten. Der Held der *Entdeckung* dient dem Autor als ein Instrument zur Umsetzung seiner zivilisationskritischen Intention. Diese verfolgt der Romancier im Rahmen einer traditionellen ästhetischen Konzeption (ein-

strängige, chronologische Handlungsführung, auktoriale Erzählweise, deutliche Rezeptionsdirektiven und Identifizierungsangebote, Subjektzentrierung, geschlossene literarische Illusion).
Die *Entdeckung* ist Entwicklungsroman und historischer Thesenroman zugleich. Der Held, der sich im Verlaufe der Handlung zum Prototypen eines guten Menschen entwickelt, wird als Repräsentant einer Idee durch die Techniken der Handlungsführung und der Figurenbewertung stark idealisiert. Die antiheroische Geschichtskonzeption, von der Nadolny ausgeht, verkehrt sich damit in ihr Gegenteil. Aus der Idealisierung des Helden in seiner Funktion als Träger einer Idee folgen zwei Tendenzen, die den Roman prägen: Erstens wird das von der akzelerierten Geschichte und von Entfremdungs- und Manipulationsmechanismen bedrohte Individuum zum fideistischen Rettungsanker innerhalb einer skeptizistischen Geschichtskonzeption. Zweitens wird der Leser weniger in einen kritischen Diskurs über die zentrale These[136] involviert als durch geschickte erzähltechnische Arrangements zu deren Übernahme gedrängt. Elemente, die die Positionen des Protagonisten zu relativieren oder zu kritisieren vermöchten – Darstellung aus verschiedenen Perspektiven, argumentative Auseinandersetzungen zu zentralen Themen, die nicht durch erzähltechnische Arrangements entschieden werden – fehlen fast völlig.

Nadolnys persuasive Strategie läuft seinem eigenen ideologiekritischen Ansatz zuwider. Sie mündet in einen Ziel-Mittel-Konflikt, weil sie zwar zu einer interessanten zivilisationskritischen These führt, diese selbst jedoch der Kritik zu entziehen sucht. Freilich kann im Falle der *Entdeckung* davon ausgegangen werden, daß das immanent weitgehend ausgesparte diskursive Element über die Ebene der Rezeption einzuholen ist. Indem der Autor die Biographie eines extrem langsamen Menschen unter den Bedingungen einer akzelerierten Epoche schildert, verleiht er nicht nur der individuellen Problematik seines Protagonisten eine allgemeine Bedeutung, sondern spricht auch die Erfahrungen seiner Leser an. Diese leben wiederum in einer Zeit, die der Kategorie ‚Geschwindigkeit' nach wie vor ihre Reverenz erweist. Nadolny liefert mit seinem Roman die Gegenthese zu einer als selbstverständlich geltenden Annahme, daß nämlich die herrschende Orientierung an den Prinzipien Geschwindigkeit und Fortschritt der Garant unseres Wohlergehens sei.

Eine offene, weniger auf den Helden zentrierte, multiperspektiv angelegte Auseinandersetzung mit der zentralen Thematik hätte dennoch, so scheint mir, nicht nur eine differenziertere Auseinandersetzung mit der zentralen Thematik ermöglicht[137], sondern wäre auch in gestalterischer Hinsicht ein Gewinn für den Roman gewesen. Ebensowenig wie jedoch übersehen werden darf, daß die *Entdeckung* eine kritisch-innovative, gegenwartsrelevante Sicht auf die Geschichte befördert, ist der ästhetische Rang des Textes geringzuschätzen. Es bietet sich das Bild eines stilistisch meisterhaft, abwechslungsreich und spannend erzählten, im guten Sinne unterhaltenden historischen Romans.

Didaktische und methodische Aspekte

Sten Nadolny stellt in seinem Roman *Die Entdeckung der Langsamkeit* der Orientierung an den Kategorien Geschwindigkeit und Fortschritt als ideelle Alternative die Ausrichtung am Prinzip der Langsamkeit gegenüber (d. h. am Franklinschen System – „Kampf gegen unnötige Beschleunigung, sanfte, allmähliche Entdeckung der Welt und der Menschen", 339). Damit gewinnt er ein zivilisationskritisches Fundament für seine Auseinandersetzung mit einem Stück abendländischer Geschichte, das in einem engen Bezug zur Gegenwart steht. Eben dieser zivilisationskritische Ansatz macht Nadolnys Roman interessant für den Unterricht, bietet er doch die Möglichkeit, einen Diskurs über die Grundlagen der modernen Industriegesellschaft zu inszenieren. Die anspruchsvolle Thematik versteht der Autor – und auch dies spricht für eine Behandlung seines Werks in der Schule – in eine spannende, luzide, stilistisch meisterhaft erzählte Geschichte von hohem Unterhaltungswert einzubetten.

Die Bewältigung des Romans, der vielfältige Anknüpfungspunkte an jugendliche Interessens- und Erfahrungslagen (*Jugend, Schule, Außenseiterproblematik, Abenteuer*) bietet, ist Schüler/innen ab der 9. Jahrgangsstufe zuzutrauen. Lesewiderstände, die insbesondere durch die Konvergenz von Thema (Langsamkeit) und Stil (streckenweise stark gedehnte Erzählweise aus der Perspektive des Protagonisten) entstehen, scheinen überwindbar und können den Ansatzpunkt für eine Auseinandersetzung mit Nadolnys Erzählkonzeption liefern. Deren Thematisierung scheint insbesondere in der Sekundarstufe II lohnend, denn am Beispiel der *Entdeckung der Langsamkeit* lassen sich grundlegende poetologische Probleme des modernen Romans erkennen.

Seit Mitte der 70er Jahre dominieren in der Literaturdidaktik im wesentlichen zwei Konzeptionen: der kritische, auf ideologiekritische Textanalyse und der subjektiv-erfahrungsbezogene, auf produktive Verfahren (Schreibaufgaben, Rollenspiele) setzende Literaturunterricht. Der anfängliche Antagonismus zwischen den Vertretern der beiden Lager ist inzwischen weitgehend der Einsicht gewichen, daß ein Literaturunterricht, der anstrebt, „sowohl dem Leser gegenüber dem Text zu seinem Recht zu verhelfen, wie auch dem Text gegenüber dem Leser [. . .]"[138] auf eine konstruktive Integration kritisch-analytischer und produktiver Verfahren angewiesen ist. Die im folgenden dargestellte Unterrichtssequenz versucht sich diese Einsicht zunutze zu machen, indem sie sowohl auf Verfahren des kritischen als auch auf solche des produktionsorientierten Literaturunterrichts zurückgreift. Die vorgeschlagenen Produktionsaufgaben (Schreibaufgaben) zielen nicht primär darauf ab, die Schüler zur literarischen Produktion zu befähigen, sondern sind eingebunden in ein Konzept, das die Funktion der Literatur als „Medium der Selbstvergewisserung, des Nachvollzugs fremder Erfahrungsperspektiven, der Reflexion und der differenzierenden Beurteilung von Interaktionszusammenhängen unter den Bedingungen von Unterricht“[139] zur Entfaltung zu bringen sucht. Betont wird das Prinzip der Selbsttätigkeit und der Selbständigkeit der Schüler/innen. Diese sollen an der Planung der Unterrichtseinheit beteiligt werden, selbst Themenvorschläge formulieren, zu bestimmten Fragen recherchieren, sich sachkundig machen, ihre Mitschüler/innen informieren und Diskussionsthesen aufstellen.

Die folgende Unterrichtssequenz ist als Grundmodell zu verstehen, das durch Akzentverschiebungen, Erweiterungen oder Kürzungen der jeweiligen Lerngruppe und den gegebenen Unterrichtsbedingungen anzupassen ist. Die Unterrichtssequenz ist für die Sekundarstufe II konzipiert, könnte jedoch ggf. mit einigen Kürzungen auch Grundlage für den Unterricht in der 10. Jahrgangsstufe sein. Kürzungen sind entweder durch eine Reduzierung im Grad der Tiefe und der Differenzierung einzelner Stundenthemen oder aber durch den Verzicht auf die Behandlung bestimmter Aspekte zu erzielen. Soweit nichts anderes angegeben ist, gelten die folgenden Empfehlungen sowohl für das Vorsemester als auch für die Studienstufe. Varianten und Ergänzungen für die Arbeit in Leistungskursen sind gesondert ausgewiesen. Für die Durchführung der Unterrichtssequenz im Vorsemester und im Grundkurs der Studienstufe sind etwa 24 Unterrichtsstunden, im Leistungskurs etwa 30 Unterrichtsstunden zu veranschlagen. Grundsätzlich können alle Stundenthemen in Form von Schülerreferaten bearbeitet werden (weitere Vorschläge für Referatsthemen s. u.). Die Entscheidung darüber, ob – und wenn ja, zu welchen Themen – Schülerreferate eingesetzt werden sollen, ist von den jeweiligen Unterrichtsbedingungen abhängig. Ich verzichte deshalb bei der Darstellung der Unterrichtsthemen darauf, auf die Arbeitsform des Schülerreferats hinzuweisen. Jeder Kollege/jede Kollegin möge ggf. in Absprache mit den Schüler/innen entscheiden, wann Schülerreferate einzusetzen sind.

Die Lektüre der *Entdeckung der Langsamkeit* ist nach meinen Erfahrungen für Schüler/innen in der Regel problemlos zu bewältigen. Ich habe deshalb bei der Planung der Unterrichtseinheit vorausgesetzt, daß die Schüler/innen den Roman vor Beginn der ersten Stunde zum Thema vollständig gelesen haben. Ein wesentlicher Vorteil einer solchen Vorgehensweise liegt darin, daß die Schüler/innen so eine Grundlage zur Mitarbeit an der Planung der UE erhalten. Es ist jedoch durchaus denkbar, die Schüler/innen zunächst mit einer Textpassage der *Entdeckung der Langsamkeit* zu konfrontieren und den Roman dann in Form von Hausaufgaben kapitelweise lesen zu lassen. Sollte eine solche Vorgehensweise gewählt werden, so sind – insbesondere, was die Einstiegsphase angeht – einige Änderungen an der hier vorgelegten Unterrichtssequenz nötig.

Zur Ergebnissicherung scheint es mir sinnvoll, neben dem Tafelanschrieb (s. u. Ergebnissicherung/Tafelanschrieb) auch das von Schüler/innen anzufertigende Ergebnisprotokoll einzusetzen. Ohne Zweifel besteht immer die Gefahr, daß ein Ergebnisprotokoll mißlingt und die Ergebnisse einer Stunde nur unzureichend dokumentiert. Diese Gefahr kann reduziert werden, wenn jeweils zwei Schüler/innen zur Protokollführung eingeteilt werden, deren Aufgabe dann darin bestünde, gemeinsam ein Ergebnisprotokoll zu erstellen. Ein schwaches oder unzureichendes Protokoll läßt sich im übrigen zumeist durch eine Zusammenfassung in der Folgestunde ergänzen. Ein gelungenes Ergebnisprotokoll dokumentiert die Stundenergebnisse in der Regel sehr viel differenzierter als ein Tafelanschrieb, der aus Platz- und Zeitgründen zumeist zu einer kondensierten, stark vergröbernden Darstellung führt. Von Schülern angefertigte Ergebnisprotokolle bieten zudem die Möglichkeit, sich in bestimmten Stunden des vorgängigen Diskussionsstands zu vergewissern und zu überprüfen, inwieweit sich im Verlaufe der Interpretationsarbeit das eigene Textverständnis weiterentwickelt oder verändert hat. Da ein Ergebnisprotokoll grundsätzlich zu jeder Stunde angefertigt werden kann, verzichte ich in der Darstellung des Unterrichtsverlaufs darauf, gesondert auf die Möglichkeit des Ergebnisprotokolls hinzuweisen.[140]

Als Textgrundlage diente die preisgünstige Taschenbuchausgabe der *Entdeckung der Langsamkeit* (Piper Verlag, München = Serie Piper 700). Im Anhang der Unterrichtssequenz finden sich Hinweise zur Ergebnissicherung, zu Klausurthemen und Unterrichtsreihen sowie Materialien.

2 Unterrichtssequenz

Std. Nr.	Übersicht zu den Stundenthemen	Referate Nr.	Tafelbilder Nr.
1/2	Austausch von Lektüreerfahrungen und Planung der UE	1	
3/4	Außenseiterproblematik I	7	1
5/6	Außenseiterproblematik II	7	2, 3
7/8	Erzählanalyse I: Erzählform, Erzählperspektive, point of view, Erzählverhalten, Erzählhaltung, Darbietungsweisen	12	4, 5, 6
9/10	Geschwindigkeit und Fortschritt in der *Entdeckung der Langsamkeit*	8	7, 8
11/12	Historischer Hintergrund – Industrielle Revolution, Geschwindigkeit und historischer Fortschritt	3, 4	9, 10, 11

Std. Nr.	Übersicht zu den Stundenthemen	Referate Nr.	Tafelbilder Nr.
13/14	Geschwindigkeit und Fortschritt als prägende Dominanten der abendländischen Geschichte seit dem ausgehenden 18. Jahrhundert	11	12
15/16	Soziale Folgen der Industriellen Revolution. Darstellung in der *Entdeckung der Langsamkeit* und in historischen Quellen.	3	13, 14
17/18	Darstellung des Krieges in der *Entdekkung der Langsamkeit*	9	15, 16
19/20	Erzählanalyse II: Figurendarstellung, Handlungsführung und Bewertungstechnik	13, 14	17
21/22	Wirkungsintention und ästhetische Strategie	13, 5, 6	18, 19, 20
23/24	Abschlußdiskussion, Auswertung der UE		20

Verwendete Abkürzungen

AA = Arbeitsauftrag
EP = Ergebnisprotokoll
GA = Gruppenarbeit
GK = Grundkurs
HA = Hausaufgabe
LI = Lehrerimpuls
LK = Leistungskurs
LV = Lehrervortrag
Mat. = Material
PA = Partnerarbeit
SA = Schreibaufgabe
TA = Tafelanschrieb
TXA = Textarbeit
UG = Unterrichtsgespräch
V = Variante

1./2. Stunde

Thema	Austausch von Lektüreerfahrungen und Planung der Unterrichtseinheit
Didaktische Aspekte	– Austausch von Lektüreerfahrungen und Klärung von Verständnisschwierigkeiten. – Vorläufige subjektive Beurteilung des Romans. – Feststellung von Schülerinteressen im Hinblick auf die Untersuchung des Romans. – Gemeinsame Planung der UE. – Ggf. Verteilung von Referaten.
Methodische Hilfen/ Impulse	Vorbereitung: Nach Abschluß der häuslichen Lektüre des Romans erhalten die Schülerinnen folgende Schreibaufgabe (HA), die Grundlage der Einstiegsstunde ist:[141] Ein Freund aus München, der zur Zeit wegen eines komplizierten Beinbruchs ans Bett gefesselt ist, vertreibt sich die

Methodische Hilfen/ Impulse	Langeweile mit Büchern. Er hat sich zuletzt mit einem Sachbuch beschäftigt und möchte jetzt einen Roman lesen. Da er weiß, daß Sie gerade Nadolnys *Entdeckung der Langsamkeit* gelesen haben, bittet er Sie, ihm einige Zeilen über den Roman zu schreiben. Bevor Sie den Brief verfassen, überlegen Sie bitte, welche Informationen für Ihren Freund wichtig sind. Auf jeden Fall sollten Sie abschließend eine klare Empfehlung aussprechen (Lies das Buch!/Lies das Buch nicht!) Variante für LK: In einem LK, ggf. auch in einem GK der Studienstufe, könnte folgende Aufgabenstellung am Anfang der UE stehen (die Textsorte Rezension sollte – soweit sie nicht bekannt ist – vorher eingeführt werden) (SA/V): Schreiben Sie eine Zeitungsrezension (Buchbesprechung) zu Nadolnys Roman *Die Entdeckung der Langsamkeit.* Die Rezension soll Informationen zu folgenden Aspekten enthalten: Inhalt, zentrale Themen und Erzählweise. Zudem sollen Sie dem Leser der Rezension unter Angabe von Gründen entweder die Lektüre des Romans empfehlen oder aber ihm von der Lektüre des Werks abraten. In diesem Zusammenhang sind folgende Fragen zu klären: – Behandelt der Roman Themen, die Aktualität beanspruchen können? – Bereitet die Lektüre des Buches besondere Schwierigkeiten? – Bereitet die Lektüre des Buches Vergnügen? – Gibt es etwas, das Sie an dem Buch besonders beeindruckt/bzw. besonders geärgert hat? – Gibt es Menschen, denen Sie das Buch besonders nachdrücklich empfehlen würden, bzw. gibt es Menschen, denen Sie von der Lektüre des Buches abraten würden? Stundeneinstieg, GA: Verlesung und Besprechung der SA in Kleingruppen. AA: a) Lesen Sie sich Ihre Arbeiten gegenseitig vor. Geben Sie dem (der) Vortragenden eine Rückmeldung aus der Perspektive des kranken Freundes, der den Brief erhalten soll. Lassen Sie sich dabei von folgender Fragestellung leiten: Helfen die im jeweiligen Brief zusammengestellten Informationen und Einschätzungen dem Freund dabei, sich eine Vorstellung von Nadolnys Roman zu machen und sich für oder gegen die Lektüre des Buches zu entscheiden? b) Wählen Sie einen der vorgelesenen Briefe zum Vortrag im Plenum aus (begründen Sie Ihre Wahl). UG: Vortrag der ausgewählten Briefe und der Gruppenarbeitsergebnisse. Diskussion zu folgender Fragestellung: Welche Lektüreerfahrungen werden in den Briefen deutlich? Ergebnissicherung über EP, das in späteren Arbeitsphasen zum Vergleich herangezogen werden kann. Fragestellung: Wie hat sich unsere Sicht des Romans verändert?[142]

Methodische Hilfen/ Impulse	Variante für LK: Die Arbeit im LK kann analog zu der hier skizzierten Vorgehensweise ablaufen. An die Stelle der Textsorte Brief tritt die Textsorte Rezension. Der AA für die Kleingruppenarbeit könnte wie folgt formuliert werden: a) Lesen Sie sich Ihre Arbeiten gegenseitig vor. Geben Sie dem (der) Vortragenden eine Rückmeldung aus der Sicht eines Zeitungslesers, der sich über Nadolnys Roman informieren möchte und eine Entscheidungshilfe für die Frage sucht, ob er sich für oder gegen die Lektüre des Buches entscheiden soll. b) Wählen Sie eine der vorgelesenen Rezensionen zum Vortrag im Plenum aus (begründen Sie Ihre Wahl). Die Plenumsdiskussion sollte sich an den Fragestellungen orientieren, die der SA für den LK beigefügt sind. LV: Kurzinformation zu Autor und Werk.[143] AA zu GA: Überlegen Sie unter Berücksichtigung Ihrer bisherigen Erfahrungen mit der Literatur und dem Literaturunterricht, wie die Arbeit an Nadolnys Roman gestaltet werden soll. (Untersuchungsfragen, Themen, Arbeitsformen). Ggf. Hilfestellung durch den Lehrer, indem einige Beispiele für Untersuchungsfragen, Themen (s. Themenliste für Schülerreferate) und Arbeitsformen gegeben werden. UG: Besprechung der Gruppenarbeitsergebnisse. Festhalten von Schülervorschlägen an der Tafel. LI: Lehrer ergänzt die Schülervorschläge durch eine Liste möglicher Unterrichtsthemen, die er erläutert. Einigung auf Themen und Arbeitsformen zur Behandlung der *Entdeckung der Langsamkeit.*[144] Ggf.: Verteilung von Referatsthemen an die Schüler/innen

3./4. Stunde

Thema	Außenseiterproblematik I
Didaktische Aspekte	– Einstieg in die Textarbeit. – Annäherung an die Figur des jungen John Franklin: Verständnis seiner Wahrnehmungsdisposition, seiner Langsamkeit und der daraus folgenden Probleme. – Einführung in die Außenseiterproblematik. – Sensibilisierung für die Technik der Figureneinführung bzw. der Figurendarstellung in Nadolnys Roman. – Beschreibung des Außenseiters John Franklin und seiner Situation. – LK: Perspektivführung in der *Entdeckung der Langsamkeit.*
Methodische Hilfen/ Impulse	AA zur PA: Sie beginnen mit der Lektüre eines Romans. Gleich auf den ersten Seiten tritt die Hauptfigur in Erscheinung. Welche Informationen über die Hauptfigur erwarten Sie zu Beginn des Romans? (Notieren Sie einige Stichworte).

	UG: Vergleich der Arbeitsergebnisse. Gemeinsame Lektüre der Eingangspassage der *Entdeckung der Langsamkeit* (S. 9–13). UG, Leitfrage: Was erfahren wir über den Protagonisten John Franklin? Ergebnissicherung über TA (= TA 1). Vergleich mit den Ergebnissen aus obigem UG. UG, Leitfrage: Welche wichtigen Informationen über John Franklin werden uns vorenthalten? (ggf. Spekulation über Gründe für die von Nadolny gewählte Form der Figureneinführung). AA (Rollenspiel) (Textgrundlage: S. 14–17): John berichtet seiner Mutter von seiner Auseinandersetzung mit Tom Barker. Er beantwortet in diesem Zusammenhang folgende Fragen der Mutter: – Wie ist es zu der Prügelei gekommen? – Was hat Tom Barker gegen dich? – Warum hast du dich nicht gewehrt? – Was willst du tun, wenn du Tom das nächste Mal begegnest? Entwickeln Sie einen Dialog zwischen John und seiner Mutter zur Präsentation im Plenum! Vorstellung und Diskussion der Arbeitsergebnisse im Plenum. Alternative bzw. Ergänzung für LK: AA zur TXA: Suchen Sie Textstellen (I. Kapitel), die deutlich machen, daß Geschehnisse und Gegenstände aus der Perspektive eines extrem langsamen Kindes wahrgenommen werden. Mit welchen erzähltechnischen Mitteln versucht der Autor, uns die Erlebniswelt des langsamen zehnjährigen John nahezubringen?
Hausaufgabe	Erzählen Sie von einer Situation aus Ihrer Kindheit, in der Sie a) sich selbst als Außenseiter fühlten oder b) jemanden beobachteten, der sich in einer Außenseiterrolle befand.

5./6. Stunde

Thema	Außenseiterproblematik II
Didaktische Aspekte	– Versuch der Einfühlung in Johns Situation über den Vergleich mit eigenen Erfahrungen. – Bestimmung des Begriffes „Außenseiter". – Vertiefende Auseinandersetzung mit der Rolle des Außenseiters.
Methodische Hilfen/ Impulse	Diskussion der Schülerarbeiten in Kleingruppen. Leitende Fragestellungen: Diskutieren Sie Ihre Arbeiten. Versuchen Sie stichwortartig zu beschreiben, wodurch ein Mensch zum Außenseiter wird. Wählen Sie eine Schülerarbeit zum Vortrag im Plenum aus. Begründen Sie Ihre Wahl.

	UG: Vortrag der ausgewählten Schülerarbeiten. Zusammentragen der Gruppenarbeitsergebnisse. Leitende Fragestellung: Wodurch wird ein Mensch zum Außenseiter? Was ist ein Außenseiter? Ergebnissicherung über TA (= TA 2). UG: Beschreibung des Außenseiters John Franklin und seiner spezifischen Probleme. Leitende Fragestellungen: Wodurch wird John Franklin zum Außenseiter? Welche Folgen hat die Außenseiterrolle zunächst für ihn? Ergebnissicherung über TA (= TA 3). Ergänzung für LK: Vertiefung der Außenseiterproblematik durch die Auseinandersetzung mit soziologischen Grundbegriffen: z. B. soziale Rolle, abweichendes Verhalten.[145]
Hausaufgabe	Durcharbeiten eines Textes zur Erzählanalyse. (Literaturhinweis: Petersen, Jürgen H.: Textinterpretation. In: Dieter Gutzen u. a.: Einführung in die neuere deutsche Literaturwissenschaft. Berlin 1981, S. 11–28.)

7./8. Stunde

Thema	Erzählanalyse I: Erzählform, Erzählperspektive, point of view, Erzählverhalten, Erzählhaltung, Darbietungsweisen
Didaktische Aspekte	– Erarbeitung eines Instrumentariums zur Analyse epischer Texte. – Applikation der erarbeiteten erzählanalytischen Kategorien auf Nadolnys Roman. – Einführung in die Erzählweise Nadolnys. – LK: Vergleich unterschiedlicher Erzählformen und Erzählperspektiven mit dem Ziel, den Konstruktionscharakter von Texten, die in einem Prozeß fortwährender Weiterentwicklung und Veränderung entstehen, zu erfassen.
Methodische Hilfen/ Impulse	UG (anknüpfend an die HA): Gemeinsame Erarbeitung der Erzählkategorien nach Petersen. Ergebnissicherung über TA (= TA 4). Arbeitsauftrag zur GA: Führen Sie eine erzähltechnische Analyse zu S. 14 o.–17 (Kapitelende) durch. Beantworten Sie folgende Fragen: a) Was wird erzählt? (Inhalt) b) Wie wird erzählt? (Erzähltechnik gemäß der erarbeiteten Kategorien) UG: Vergleich der Gruppenarbeitsergebnisse. Ergebnissicherung über TA (= TA 5) mit dem Ziel, einige Elemente der Nadolnyschen Erzählweise zu beschreiben. UG: Verknüpfung von Inhalts- und Formanalyse: c) Welche erzähltechnischen Elemente benutzt der Autor, um Langsamkeit und Außenseiterrolle John Franklins zu betonen? Ergebnissicherung über TA (= TA 6)

	Ergänzung für LK: (SA ggf. als HA): Schildern Sie die Geschehnisse der Seiten 14 o.–17 (Kapitalende) in Form einer Ich-Erzählung aus der Perspektive von John Franklin oder von Tom Barker. Besprechung der Schreibaufgabe in der nächsten Stunde. Ziel: Vergleich unterschiedlicher Erzählformen und Erzählperspektiven.
Hausaufgabe	Lesen Sie die folgenden Textstellen, und fassen Sie deren Inhalt knapp zusammen. Gruppe a): S. 31m.–32u. (Internat); S. 88m.–89m./u. (Denis Lacy); S. 207m.–209u. (Dr. Ormes Abhandlung); Gruppe b): S. 163m.–164o. (London I); S. 266m./u.–267m. (London II); S. 286o.–287m. (London III).

9./10. Stunde

Thema	Geschwindigkeit und Fortschritt in der *Entdeckung der Langsamkeit*
Didaktische Aspekte	– Erkennen der zentralen Bedeutung des Themas Geschwindigkeit für den Roman. – Erkennen des engen Zusammenhangs zwischen Geschwindigkeit und Fortschritt. – Klärung der Bedeutung von Geschwindigkeit und Fortschritt a) für John Franklin und b) für seine Zeitgenossen (Spiel-, Schul-, Mannschaftskameraden, Vorgesetzte, Bekannte, Freunde usw.).
Methodische Hilfen/ Impulse	Anknüpfend an die Hausarbeit Partnerarbeit (jeweils ein Schüler/eine Schülerin aus Gruppe a und ein Schüler/eine Schülerin aus Gruppe b arbeiten zusammen) gemäß folgendem AA: a) Stellen Sie Ihrem Partner/Ihrer Partnerin Ihre Textstellen vor. b) Wählen Sie zwei Textstellen aus, die Sie im Hinblick auf das Thema ‚Geschwindigkeit' für besonders aussagefähig halten, und sprechen Sie miteinander über die Bedeutung dieser Textstellen. UG: Vorstellung der Textstellen im Plenum. Diskussion. Mögliche Leitfragen: Welche Folgen hat die zunehmende Geschwindigkeit in der englischen Gesellschaft a) für John Franklin? b) für Franklins Zeitgenossen (z. B. Tom Barker, Dr. Orme, Denis Lacy, Charles Babbage, Charles Tennyson, Robert Cracroft)? Ergebnissicherung über TA (= TA 7). LI/UG: c) Welche Folgen haben Geschwindigkeit und Fortschritt für das Zusammenleben der Menschen in England zur Zeit der Industriellen Revolution? Ergebnissicherung über TA (= TA 8).

Hausaufgabe	Versuchen Sie, sich mit Hilfe von Geschichtsbüchern und Lexika über die Industrielle Revolution in England zu informieren.

11./12. Stunde

Thema	Historischer Hintergrund – Industrielle Revolution, Geschwindigkeit und historischer Fortschritt
Didaktische Methoden	– Klärung des Begriffs ‚Industrielle Revolution'. – Erarbeitung des historischen Zusammenhangs zwischen Geschwindigkeit, technischem Fortschritt und Wandel der Lebensverhältnisse in England vom späten 18. bis zur Mitte des 19. Jahrhunderts. – Grundlegende Informationen zur Suche nach der Nordwestpassage als Ausdruck von Entdeckungs- und Fortschrittsbegeisterung im 19. Jahrhundert. – Einblick in die militärische und ökonomische Bedeutung, die einer Nordwestpassage im frühen 19. Jh. zugewiesen wurde.
Methodische Hilfen/ Impulse	Anknüpfend an die HA Gruppenarbeit gemäß folgendem AA: Erarbeiten Sie einen Kurzvortrag (in Stichworten) zum Thema ‚Industrielle Revolution in England'. Vortrag der Gruppenarbeitsergebnisse im Plenum. Ggf. Ergänzung durch LV oder durch gemeinsame Lektüre eines kurzen Lehrbuchtextes.[146] Festhalten einiger wesentlicher Charakteristika der Industriellen Revolution über TA (= TA 9). Stillarbeit: Lektüre eines Textes zur Entwicklung von Verkehrswegen und Transportwesen in England (18./19. Jahrhundert) (= Mat 1). AA: Beschreiben Sie die Bedeutung, die der Aufbau eines Eisenbahnnetzes für die Entwicklung der Industrie und für das Leben der Menschen im 19. Jahrhundert hatte. UG: Vergleich der Arbeitsergebnisse. Ergebnissicherung über TA (= TA 10 r). Exkurs zum Thema: Die Suche nach der Nordwestpassage, Arktisexpeditionen im 19. Jahrhundert. Brainstorming gemäß folgender Leitfrage: Wie stellen Sie sich Organisation und Ablauf einer Arktisexpedition im 19. Jahrhundert vor? Kurzer LV zur Ergänzung und Systematisierung:[147] – ökonomische und militärische Bedeutung der Nordwestpassage im 19. Jahrhundert; – Entdeckungs- und Fortschrittsbegeisterung im 19. Jahrhundert am Beispiel der Suche nach der Nordwestpassage; – einige wichtige Etappen auf dem Weg zur Nordwestpassage; – Strapazen und Entbehrungen der Arktisforscher.

13./14. Stunde

Thema	Geschwindigkeit und Fortschritt als prägende Dominanten der abendländischen Geschichte seit dem ausgehenden 18. Jahrhundert
Didaktische Aspekte	– Exemplarische Analyse des Zusammenhangs von Geschwindigkeit, Fortschritt und Wandel der Arbeits- und Lebensverhältnisse seit dem ausgehenden 18. Jahrhundert. – Auseinandersetzung mit der Frage nach der Bedeutung zunehmender Geschwindigkeit für spätindustrielle Gesellschaften der Gegenwart.
Methodische Hilfen/ Impulse	Kurzinformation des Lehrers zu Produktionsweise im Handwerk vor der Industriellen Revolution.[148] Gemeinsame Lektüre eines Textauszugs (Arbeitsteilung) aus Adam Smith: *Der Wohlstand der Nationen*[149] (= Mat. 2). UG: Leitfrage: Welche Folgen hatte die von Smith beschriebene Veränderung der Produktionsabläufe für die Arbeit der Menschen? Ergebnissicherung über TA (= TA 12). Rollenspiel zur Bedeutung von Geschwindigkeit in unserer Gesellschaft. AA zur GA: a) Beschreiben Sie eine alltägliche Situation, in der Geschwindigkeit eine besondere Rolle spielt. b) Entwickeln Sie aus der beschriebenen Alltagssituation ein Rollenspiel, das Sie ihren Mitschüler/innen vorspielen können. Variante: Als Alternative zum Rollenspiel kann eine phantasieanregende Schreibaufgabe dienen: Bsp.: Ein Mensch, der ähnlich langsam wie John Franklin ist, durchlebt einen normalen Tag in unserer Gesellschaft. Beschreiben Sie seine Erlebnisse. Präsentation der Rollenspiele. Deutung und Diskussion. Leitfrage: Geschwindigkeit in unserer Gesellschaft: Wo kommt sie vor, was bewirkt sie? Ergänzung für LK: Texte zur Bedrohung, die aus dem Geschwindigkeits- und Fortschrittswahn für uns heute erwächst (= Mat. 3 u. 4).[150]
Hausaufgabe	Lesen Sie die Textstellen S. 144m.–147o., 301m.–304m. und 334m.–335m., und beschreiben Sie, welche sozialen Folgen Nadolny der Industriellen Revolution zuschreibt.

15./16. Stunde

Thema	Soziale Folgen der Industriellen Revolution
Didaktische Aspekte	– Darstellung der sozialen Folgen der Industriellen Revolution in Nadolnys Roman. – Erarbeitung der sozialen Folgen der Industriellen Revolution anhand historischer Quellen.

	– Beschreibung von Franklins ‚Überlebensstrategie' (Franklinsches System). – LK: Auseinandersetzung mit Marx' Begriff der Entfremdung.
Methodische Hilfen/ Impulse	UG: Zusammentragen der Ergebnisse aus der HA. Ergebnissicherung über TA (= TA 13 r). Arbeitsteilige GA: Analyse historischer Quellen: Q1: Kinderarbeit in Fabriken (= Mat. 5) Q2: Zwischenglied automatischer Maschinen (= Mat. 6) Q3: Fabrikbesichtigung (= Mat. 7) AA: Lesen Sie die Quelle, und erarbeiten Sie eine knappe Zusammenfassung für einen Vortrag im Plenum. Vorstellung der Ergebnisse im Plenum. Diskussion zur Frage des Zusammenhangs zwischen Geschwindigkeit, Industrieller Revolution und physischem und psychischem Elend der großen Mehrheit der Bevölkerung. Vergleich mit den Ergebnissen aus obigem UG. Bestätigung, Ergänzung, Abweichung. UG/LI: Wie entgeht John Franklin trotz seiner Langsamkeit dem Abstieg ins soziale Elend? (Gemeinsame Lektüre von Textstellen zum Franklinschen System: 211 ff., 235 f., 240 f., 248 f., 308 f.). Ergebnissicherung über TA (= TA 14).
Hausaufgabe	Lesen Sie die Seiten 115m.–120o. und 132u.–144o. Suchen Sie eine Textstelle (Szene, Gespräch, Gedanken einer Figur, Rede einer Figur) heraus, die Sie im Hinblick auf das Thema Krieg für besonders aussagefähig halten.

17./18. Stunde

Thema	Darstellung des Krieges in der *Entdeckung der Langsamkeit*
Didaktische Aspekte	– Erkennen der Antikriegstendenz des Romans. – Analyse des Zusammenhangs zwischen Geschwindigkeit und Krieg in der *Entdeckung der Langsamkeit.* – Erkennen der zivilisationskritischen Stoßrichtung des Romans. – LK: Einblick in Nadolnys Technik der Negativbewertung von Krieg und Gewalt (Verknüpfung von Form- und Inhaltsanalyse).
Methodische Hilfen/ Impulse	Brainstorming/LV: Klärung des historischen Hintergrundes: Die Koalitionskriege und die Schlacht von Trafalgar. AA zur GA: Stellen Sie sich gegenseitig ‚Ihre' Textstellen vor. Entscheiden Sie sich gemeinsam für eine Textstelle, die Sie im Plenum präsentieren wollen. Erarbeiten Sie eine Deutung dieser Textstelle. TXA/UG: Vorstellung und Diskussion der Gruppenarbeitsergebnisse im Plenum.

Leitfragen:

a) Mit welchen Gefühlen geht John in die Schlacht? (115 f.)[151]
b) Wie verhält John sich im Krieg, worin zeigt sich seine Ablehnung des Krieges? (117o.f.; 137o.ff.)
c) Wie kommt es dazu, daß die Männer der Bellerophon begeistert in den Krieg ziehen? (138o.f.)
d) Wie ist es zu erklären, daß der Kriegsgegner Franklin, der eine hohe Achtung vor dem menschlichen Leben hat, im Krieg gezielt tötet? (140 ff.) Ergebnissicherung: Überprüfung der in der Diskussion formulierten Thesen am Text.

LI/UG: Läßt sich in der *Entdeckung der Langsamkeit* ein Zusammenhang zwischen den Themen Geschwindigkeit und Krieg herstellen?

TXA/UG: Überprüfung und Vertiefung der Diskussionsergebnisse durch gemeinsame Textarbeit (Textstellen):

a) 117o.: („‚Der Mann ist doch tot!'") – 117m./u. („[...] soviel war sicher.");
b) 135u.: („In der Fähnrichsmesse [...]") – 137o. („[...] daß die Schlacht stattfand.");
c) 139u.: („Der Schwarze [...]" – 140o. („[...] wieder entgegengefallen."). Ergebnissicherung über TA (= TA 15).

Ergänzung 1 für LK, ggf. auch für GK: LI/UG: Handelt es sich bei den untersuchten Textstellen um eine kommentarlose Beschreibung oder eher um eine wertende Darstellung des Krieges?

LI/arbeitsteilige PA zur Verknüpfung von Form- und Inhaltsanalyse: Anknüpfend an das zu erwartende Diskussionsergebnis („stark wertende Darstellung: Antikriegsroman") AA zur arbeitsteiligen Partnerarbeit:

Untersuchen Sie, welche Darstellungstechniken der Autor einsetzt, um dem Leser eine ablehnende Haltung gegenüber dem Krieg und der Kriegsbegeisterung nahezulegen.

Textstellen zur Analyse (je nach Kursstärke mehrfach besetzen):

132u. („Der Winter war vorbei [...]") –133m. („[...] noch mehr erforschen");

134m./o. („Welchen Widerstand [...]") –134m./u. („[...] oder mehr von außen.");

135o. („Einen Leutnant [...]") –135m./u. („[...] John glaubte ihm.");

135u. („James Cook [...]") –136o. („‚[...] Die Toten sehen es anders.'");

136u. („Es wehte [...]) –137m./u. („[...] daß alles Erscheinung war.");

138o. („Der Kapitän ging [...]") –138 (Seitenende).

UG: Vergleich der Arbeitsergebnisse. Ergebnissicherung über TA (= TA 16).

	Ergänzung 2 für LK: Stillarbeit/UG: Gemeinsame Lektüre der Textpassage von S. 115m.–120o. Diskussion zum Thema: Franklins Mißbilligung des Krieges. Der Kampf um die Rettung der eigenen Würde in Extremsituationen.
Hausaufgabe	John Franklin bewältigt als Kommandant während seiner Arktisexpeditionen immer wieder sehr gefährliche Situationen. Zwei solcher Gefahrensituationen, in denen Franklin sich bewährt, sind auf den Seiten 198m.–206u. beschrieben. Lesen Sie diese Textstelle, und versuchen Sie, eine Szene zu schreiben, in der John Franklin nach gleichem Muster eine Gefahrensituation meistert.

19./20. Stunde

Thema	Erzählanalyse II: Figurendarstellung, Handlungsführung und Bewertungstechnik
Didaktische Aspekte	– Zur Darstellung des Protagonisten: Franklins Souveränität in Gefahrensituationen. – Gegenüberstellung der Prinzipien Langsamkeit und Schnelligkeit und ihrer Repräsentanten aus dem Figurenensemble. – Analyse der Folgen langsamen und schnellen Handelns in der *Entdeckung der Langsamkeit.* – Erarbeitung von Nadolnys Position zum Thema Geschwindigkeit und Gesellschaft. Applikation auf die Gegenwart und Bewertung.
Methodische Hilfen/ Impulse	Vorstellung und Diskussion einiger Schülerarbeiten (HA). Leitfrage: a) Wodurch gelingt es Franklin, Gefahrensituationen so souverän zu meistern? b) Warum ist es immer Franklin und niemals einer seiner Mannschaftskameraden, der in schwierigen Situationen die richtigen Entscheidungen trifft? AA zur PA (Vertiefung): Vergleichen Sie die Charakteristika des langsamen Franklin mit denen seiner schnellen Zeitgenossen. Ergebnissicherung über TA (= TA 17). LI/UG (Wiederholung, Übertragung – vgl. TA 15): Was folgt a) aus Franklins langsamer Handlungsweise und b) aus dem schnellen Handeln seiner Mitmenschen? LI/UG: Halten Sie Nadolnys Bewertung langsamen und schnellen Handelns für angemessen? Wie stehen Sie zu den Prinzipien Langsamkeit und Schnelligkeit? Ergänzung für LK: Stilanalyse. Darstellung grundlegender stilanalytischer Kategorien. Applikation auf ausgewählte Textstellen des Romans (insbesondere Darstellung von Franklins verlangsamter Wahrnehmung). (Vgl. Kap. 3.5.3 und Hermes 1985, S. 72–82)

Hausaufgabe	Versuchen Sie, Franklins berufliche und psychisch-geistige Entwicklung zu beschreiben oder in Form eines Schaubildes (einer Zeichnung) darzustellen.

21./22. Stunde

Thema	Wirkungsintention und ästhetische Strategie
Didaktische Aspekte	– Zusammenfassung zu Franklins beruflichem Aufstieg und zu seiner psychisch-geistigen Entwicklung. – Figurendarstellung: Positivbewertung der Figur Franklins in ihrer Funktion als Repräsentantin des Prinzips Langsamkeit. Tendenz zur Idealisierung. – Bewertungstechniken (Figurenbewertung) in der *Entdeckung der Langsamkeit*. – Nadolnys zentrale These zum Thema Geschwindigkeit.
Methodische Hilfen/ Impulse	Vergleich der Hausarbeitsergebnisse. Darstellung von Franklins Weg zum beruflichen Erfolg und zur Selbstfindung. Ergebnissicherung über TA (= TA 18). LI: Hinweis auf den historischen Franklin, der weder besonders langsam, noch Pazifist, noch ein seiner Mitwelt an Weisheit und Würde weit überlegener Mensch war. UG zur Frage: Welche Aussageabsicht verbirgt sich hinter der uneingeschränkt positiven Bewertung der Hauptfigur des Romans? AA zur PA (Wiederholung/Zusammenfassung): Welche Techniken der Figurenbewertung (Positivbewertung Franklins) wendet Nadolny an? Versuchen Sie, zwei Beispiele zu finden! UG: Vergleich der Arbeitsergebnisse. Ergebnissicherung über TA (= TA 19) AA zur PA: Versuchen Sie, Nadolnys These zum Thema Langsamkeit/Schnelligkeit und Gesellschaft zu formulieren. (Ggf. Erläuterung: Welche Bedeutung hat die Langsamkeit bzw. die Schnelligkeit für das Leben der Menschen?) UG: Vergleich der Arbeitsergebnisse. Versuch, zu einer gemeinsamen Formulierung zu kommen. Ergebnissicherung über TA oder Mitschrift (= TA 20).

23./24. Stunde

Thema	Abschlußdiskussion, Auswertung der UE
Didaktische Aspekte	– Abschließende Bewertung: Zum Verhältnis von Wirkungsintention und ästhetischer Strategie. – Auswertung der Unterrichtseinheit.
Methodische Hilfen/ Impulse	UG: Abschließende Beurteilung des Romans. Mögliche Leitfragen: a) Was halten Sie von Nadolnys These? Welche Bedeutung messen Sie ihr für die Gegenwart bei?

	b) Wie beurteilen Sie Nadolnys Versuch, dem Leser seine (des Autors) These über die Figur John Franklins nahezubringen? Könnten Sie sich eine andere Strategie zur Verdeutlichung der These vorstellen? c) Worin sehen Sie die Stärken, worin die Schwächen des Romans? GA/UG: Lektüre und Diskussion von Zeitungsrezensionen zu Nadolnys Roman (s. Lit. verz. unter Chr. Geiser und G. Stadelmaier). Auswertung der Unterrichtseinheit. Ergänzung für LK: Exemplarischer Vergleich traditioneller und moderner Erzählweisen anhand von Romanausschnitten (z. B. Alfred Döblin: *Berlin Alexanderplatz*; Max Frisch: *Mein Name sei Gantenbein* oder Robert Musil: *Der Mann ohne Eigenschaften.*)

3
Ergebnissicherung/Tafelbilder[152]

TA 1: Was erfahren wir über den Protagonisten John Franklin? (3./4. Std.)

- John ist zehn Jahre alt. (S. 9)
- Er ist außergewöhnlich langsam. (Er kann keinen Ball fangen und dem Spiel der Kinder nicht folgen. (S. 9)
- Er ist in der Lage, länger als jeder andere in der gleichen Stellung zu verharren, ohne sich zu bewegen. (S. 9)
- John wohnt in einem kleinen englischen Dorf namens Spilsby. (S. 9 u. 10)
- Er haßt Hühner. (S. 11)
- Er kann lesen. (S. 12)
- Er liebt das Singen nicht. (S. 12)
- Er hat eine sehr langsame Mutter. (S. 13)

TA 2: Was ist ein Außenseiter? (5./6. Std.)

(Je nach Erfahrungshintergrund werden die Schüler/innen unterschiedliche Gründe dafür angegeben, warum ein Mensch zum Außenseiter wird. Die Definition des Begriffs Außenseiter kann deshalb in verschiedenen Lerngruppen unterschiedlich ausfallen. Zur Orientierung sei folgende Begriffserklärung angeführt, die einen Hinweis auf die wichtige Unterscheidung zwischen ‚aktivem' und ‚passivem' Außenseitertum enthält:)

Außenseiter: Individuen oder Gruppen (Randgruppen) innerhalb einer Gesellschaft, Gesellschaftsschicht oder Klasse, die aufgrund besonderer Merkmale (Ablehnung geltender Normen und Rollenvorstellungen, abweichendes Verhalten, rassische oder religiöse Unterdrückung, z. B. von Minderheiten) freiwillig oder gezwungenermaßen eine Randstellung einnehmen [...] (Der große Brockhaus in zwölf Bänden. 18. Aufl. 1977)

TA 3: Wodurch wird John Franklin zum Außenseiter? (5./6. Std.)

- John hat eine verlangsamte Wahrnehmung, er kann deshalb in bestimmten Situationen nicht rechtzeitig reagieren.
- Weil John langsam ist, akzeptieren die Kinder in Spilsby ihn nicht als einen der ihren. Sie verspotten und verprügeln ihn.
- John wird, weil er anders (langsamer) als die anderen ist, zum Außenseiter gemacht.

TA 4: Kategorien zur Analyse epischer Texte[153] (7./8. Std.)

Erzählform:	Ich-Form Er-Form
Erzählperspektive:	Außensicht Innensicht
Point of view:	olympische Position begrenzter Blick
Erzählverhalten:	auktorial neutral personal
Erzählhaltung:	sachlich ironisch bejahend kritisch parodistisch u. a.
Darbietungsweisen:	Erzählbericht Kommentar Personenrede Erlebte Rede Innerer Monolog

TA 5/6: Textanalyse S. 14-17 (7./8. Std.)

a) Was wird erzählt? (Inhalt)

- Der ‚langsame' John Franklin wird während eines Ballspiels von dem ‚schnellen' Tom Barker verspottet und schließlich verprügelt.
- Die anderen am Ballspiel beteiligten Kinder schauen zu und lachen über John. Nur der kleine Sherard versucht, seinem Freund John zu helfen.
- Zuhause wird der blutig geschlagene John von seinem Vater, der seinen Sohn für einen Schwächling hält, beschimpft und abermals verprügelt.

b) Wie wird erzählt? (Erzähltechnik)

Erzählform:	Er-Form
Erzählperspektive:	Wechsel von Innen- und Außensicht
Point of view:	olympisch im Hinblick auf John, ansonsten begrenzter Blick
Erzählverhalten:	Wechsel zwischen auktorial und personal
Erzählhaltung:	ironisch
Darbietungsweisen:	mit Kommentaren, Personenreden und erlebter Rede durchsetzter Erzählerbericht

c) Welche erzähltechnischen Elemente benutzt der Autor, um Langsamkeit und Außenseiterrolle John Franklins zu betonen?

- Der Handlungsverlauf zeigt, daß sich fast alle über John lustig machen und daß mit Ausnahme von Sherard niemand versucht, ihm zu helfen und ihn zu integrieren.
- Die Schilderung des Kampfes mit Tom Barker verdeutlicht auf groteske Weise, daß John sich wegen seiner Langsamkeit nicht wehren kann.
- Durch die Innensicht wird Johns verlangsamte Wahrnehmung nachvollziehbar.
- Über die erlebte Rede wird Johns Desorientierung infolge seiner Langsamkeit deutlich.
- Erzählerbericht und Kommentare verweisen ironisch auf Johns Langsamkeit.

TA 7: Folgen zunehmender Geschwindigkeit für John Franklin und sein soziales Umfeld (9./10. Std.)

zunehmende Geschwindigkeit

Bedrohung | Chance

Der langsame Franklin	Franklins schnelle Spiel-, Schul- und Mannschaftskameraden, Vorgesetzte, Freunde, Bekannte usw.
kann sich der neuen Geschwindigkeit nicht anpassen;	können sich der neuen Geschwindigkeit anpassen;
versucht, seinen eigenen Rhythmus zu finden;	versuchen, durch Schnelligkeit zum Erfolg zu kommen;
ist langsam, gründlich, geduldig und rücksichtsvoll.	sind schnell, oberflächlich, ungeduldig und rücksichtslos.

TA 8: Folgen von Geschwindigkeit und Fortschritt für das Zusammenleben der Menschen in England zur Zeit der Industriellen Revolution (9./10. Std.)

Zwang zur Geschwindigkeit bewirkt:

- Zeitknappheit
- Eile
- Hektik
- Kommunikationsstörungen
- Rücksichtslosigkeit

TA 9: Industrielle Revolution (11./12. Std.)

Begriffserklärung: industria (lat.:) = Fleiß, Betriebsamkeit; revolutio (lat.) = Umdrehung, Umwälzung.

Der Begriff *Industrielle Revolution* bezeichnet den durch wissenschaftlich-technischen Fortschritt bedingten Übergang von der Agrar- zur Industriegesellschaft im 18. und 19. Jahrhundert.

Merkmale:

- zunehmende Arbeitsteilung und Spezialisierung;
- Verwendung neuer Energien (Dampf, Elektrizität, Gas) und Arbeitstechniken;
- Ersetzen von tierischer und menschlicher Arbeitskraft durch neue Maschinen;
- Konzentration der Güterproduktion in Fabriken;
- starkes Bevölkerungswachstum durch medizinische Fortschritte und dadurch erheblicher Zuwachs an Arbeitskräften;
- Enorme Steigerung der Arbeitsproduktivität;
- Revolutionierung des Reise- und Transportwesens durch Erfindung der Eisenbahn und den zügigen Ausbau des Eisenbahnnetzes;
- Trennung der Arbeitenden in
  a) Unternehmer als Besitzer von Produktionsmitteln. Die Unternehmer investieren ihr Kapital in den Produktionsprozeß, um durch den Verkauf der erzeugten Güter auf dem Markt Gewinne zu machen;
  b) Lohnarbeiter, die keine Produktionsmittel besitzen und ihre Arbeitskraft gegen Lohn verkaufen müssen.

TA 10: Bedeutung des entstehenden Eisenbahnnetzes für die Industrialisierung in England (19. Jahrhundert) (11./12. Std.)

- Reduzierung der Transportkosten;
- höhere Geschwindigkeit im Güter- und Reiseverkehr;
- Möglichkeit, große Lasten über weite Strecken zu transportieren;
- Erweiterung des Handelsnetzes;
- Erreichung neuer Märkte.

TA 11: Bedeutung der Eisenbahn für das Leben der Menschen (11./12. Std.)

- höhere geographische Mobilität durch Geschwindigkeit;
- Erweiterung des Lebensraumes;
- Sammlung neuer Erfahrungen durch Reisen in relativ weit entfernte Gebiete;
- schnellere Informationsverbreitung.

TA 12: Veränderte Produktionsabläufe und ihre Folgen für die Arbeit der Menschen zur Zeit der Industriellen Revolution (13./14. Std.)

- Industrielle Produktionsweisen, d. h. Arbeitsteilung und Maschinisierung, erhöhen die Produktivität und legen damit den Grundstein zu einer Steigerung des Wohlstandes.

- Sie installieren jedoch zugleich einen Zwang zur Geschwindigkeit (Der Mensch muß sich dem Rhythmus der Maschine und der vorgegebenen Arbeitsabläufe anpassen).
- Dadurch reduzieren sie den Entscheidungsspielraum der ArbeiterInnen sehr stark.
- Die Aufsplittung der Produktherstellung in viele einfache Teilarbeitsprozesse führt zur Monotonie am Arbeitsplatz, zu einem Rückgang des Qualifikationsniveaus und zur Entfremdung der arbeitenden Menschen von dem Produkt, das sie herstellen.

TA 13: Soziale Folgen der Industriellen Revolution (15./16. Std.)
- Arbeitslosigkeit, Armut und Hunger in den Städten;
- katastrophale Wohnverhältnisse;
- Kinderarbeit in den Fabriken;
- Kinderprostitution;
- Deportation von Kindern, die in ihrer Not Nahrungsmittel stehlen, auf die Strafinsel Van Diemen's Land;
- Verelendung der Bauern, deren Söhne mit Alkohol und Prügel zum Kriegsdienst gepreßt werden oder in die nächste Fabrik abwandern.

↕

TA 14: Das Franklinsche System (15./16. Std.)
- ist eine „Methode des Lebens und Entdeckens";
- beruht darauf, Kraft aus der Langsamkeit zu ziehen;
- Grundvoraussetzungen: Selbstakzeptanz, Selbstdisziplin, Geduld, Engagement;
- Leitideen: Vernunft, Gerechtigkeit, Aufrichtigkeit, Vertrauen, Respekt vor anderen Menschen;
- Wirkung: So kann John auch in extremen Situationen Ruhe bewahren, die richtigen Entscheidungen treffen und trotz seiner Langsamkeit in einer hektisch-aggressiven Gesellschaft bestehen.

TA 15: Geschwindigkeit und Krieg (17./18. Std.)

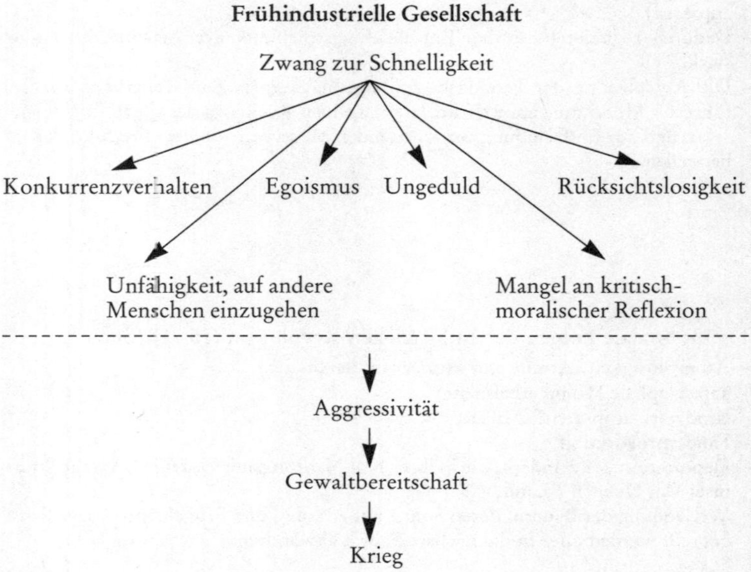

TA 16: Zur Darstellung des Themas Krieg verwendete Erzähltechniken

Nadolny legt dem Leser eine ablehnende Haltung gegenüber dem Krieg nahe, indem er ihn

- aus der Perspektive John Franklins die Schrecken des Krieges vor Augen führt;
- am Beispiel John Franklins und der englischen Soldaten die physischen und psychischen Leiden der Menschen im Krieg verdeutlicht;
- der Kriegsbegeisterung der englischen Offiziere und Soldaten die nüchternen, ironisch-kritischen Kommentare und Reflexionen John Franklins entgegenhält.

TA 17: Charakteristika des langsamen John Franklin und seiner schnellen Zeitgenossen (21./22. Std.)

Franklin	Zeitgenossen
– langsam:	– schnell:
– besonnen	– hektisch
– geduldig	– ungeduldig
– gründlich	– oberflächlich
– rücksichtsvoll	– rücksichtslos
– hilfsbereit	– egoistisch
– friedliebend	– aggressiv

TA 18: Franklins Entwicklung (21./22. Std.)

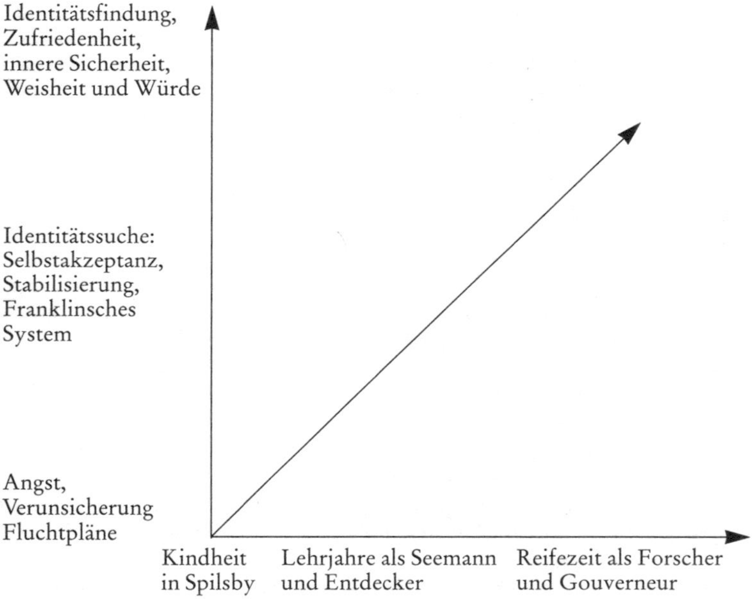

TA 19: Positivbewertung Franklins als Repräsentant des Prinzips Langsamkeit (21./22. Std.)

Handlungsführung:

- Der Ablauf der Ereignisse bestätigt das Prinzip Langsamkeit, das sich in vielen schwierigen Situationen dem Prinzip Schnelligkeit als überlegen erweist.
- Nach anfänglicher Skepsis wegen seines Handicaps wird John von allen respektiert.

Figurencharakterisierung:

- Franklins edler Charakter erscheint als Resultat seiner langsamen Grunddisposition.
- Die charakterlichen Deformierungen von Franklins Zeitgenossen erscheinen hingegen als Folge des Zwangs zur Geschwindigkeit, dem sie unterliegen.

Erzählperspektive:

- Die Innensicht stellt Nähe zu der Figur Franklins her, läßt sie sympathisch und das Prinzip Langsamkeit vernünftig erscheinen.

Erzählverhalten/Erzählhaltung:

- Milde, wohlwollende Ironie in der Darstellung des langsamen Franklin und kritisch-entlarvende Kommentare zum zwanghaft-schnellen Verhalten seiner Zeitgenossen bestätigen das Prinzip Langsamkeit.

TA 20: Nadolnys zentrale Thesen zum Thema Geschwindigkeit (21./22. Std.)

Aus der Orientierung am Prinzip Schnelligkeit resultieren Unfrieden und Gewalt, Selbstentäußerung und sozialdarwinistische Beziehungsmuster. Die Ausrichtung am Prinzip Langsamkeit gemäß dem Beispiel John Franklins hingegen führt zur Humanisierung zwischenmenschlicher Beziehungen, zu Besonnenheit, Offenheit, Toleranz und Frieden.

4 Klausurvorschläge[154]

Produktionsorientierte Aufgaben:

1. Schreiben Sie eine Buchbesprechung zu Sten Nadolnys *Entdeckung der Langsamkeit*. Berücksichtigen Sie dabei folgende Aspekte: Autor, Handlung, Thematik, Erzählweise und Bewertung.
2. Erläutern Sie das *Franklinsche System*, und stellen Sie dar, wie Sie sich eine Gesellschaft vorstellen, die gemäß den Grundsätzen des Franklinschen Systems lebt.
3. Sherard Lound begeistert sich für die Kriegsschiffahrt. Er überlegt, ob er nach Abschluß der Schule zur Kriegsmarine gehen soll. In einem Gespräch bittet er seinen Freund John Franklin, der bereits Erfahrungen auf einem Kriegsschiff gesammelt hat (Schlacht vor Kopenhagen, S. 55–67), um Rat.
   Schreiben Sie einen Dialog, in dem Sherard und John die Frage diskutieren, ob Sherard zur Kriegsmarine gehen soll.

Textinterpretation:

4. Klären Sie die Bedeutung der Erzählung vom Lahmen und vom Blinden (S. 144–155) im Kontext des Romans.
5. Analysieren Sie die Darstellung des Themas Krieg in der *Entdeckung der Langsamkeit*. Versuchen Sie, insbesondere zu klären, welche Auffassung der Autor zum Thema Krieg vertritt und mit Hilfe welcher erzählerischer Mittel er seine Auffassung zum Ausdruck bringt. (Textstellenhinweis: S. 115–120, 135–144, 149–155).
6. Analysieren Sie die Darstellung des Kontrastes zwischen dem Zwang zur Schnelligkeit im Zeitalter der Industriellen Revolution und John Franklins Langsamkeit in Sten Nadolnys Roman *Die Entdeckung der Langsamkeit*. Klären Sie in diesem Zusammenhang folgende Fragen:
   – Welche Thesen vertritt Nadolny im Hinblick auf die Frage nach der Bedeutung von Schnelligkeit bzw. Langsamkeit für die Menschen und ihr Zusammenleben innerhalb der Gesellschaft?
   – Welche erzählerischen Mittel setzt der Autor ein zur Verdeutlichung seiner Thesen?

– Wie beurteilen Sie die Darstellung des Themenkomplexes „Geschwindigkeit und Langsamkeit" in Nadolnys Roman *Die Entdeckung der Langsamkeit?*
(Textstellenhinweis u. a.: 31m/u–32o; 88u–89m/u; 136u–137o; 163m–163u; 198u–200m/u; 260o/m–261u; 266m/u–266u.)

7. Untersuchen Sie Inhalt und Erzählweise der Textpassage S. 198u. („Die nächste Fußwanderung [. . .]") bis S. 206 (Seitenende). Versuchen Sie, die Bedeutung der Textpassage im Kontext des Romans herauszuarbeiten.
8. Beschreiben Sie John Franklins Entwicklung vom gedemütigten Außenseiter zum geachteten und gefeierten Kommandanten und Arktisforscher. Zeigen Sie in diesem Zusammenhang, wie Franklin trotz seiner Langsamkeit zu beruflichem und gesellschaftlichem Ansehen gelangt.

Literarische Erörterungen:

9. Setzen Sie sich kritisch mit folgender Aussage von Wolfgang Frühwald[155] zu Sten Nadolnys Roman *Die Entdeckung der Langsamkeit* auseinander:

   „*Die Entdeckung der Langsamkeit* ist also kein wissenschafts- und technikfeindliches Buch, sondern ein Buch, das Wissenschaft und Technik als die vom Menschen erschaffenen Mittel zu einer menschenwürdigen Existenz versteht."

10. a) Fassen Sie die unten aufgeführte Thesen des Zeitungsrezensenten der „Züricher Zeitung" in eigenen Worten zusammen.
    b) Unterziehen Sie die Thesen des Zeitungsrezensenten einer kritischen Überprüfung.

    „Aus dieser Langsamkeit dieser ‚übergroßen Sorgfalt des Gehirns gegenüber Einzelheiten' wird bei Nadolny ein ganzes System, eine Philosophie der Gründlichkeit und der Bedächtigkeit, der Toleranz für die je eigene Geschwindigkeit eines jeden und des Respekts vor den Menschen insgesamt. Aus der Rückschau auf den historischen Franklin, der sich dem Tempo seiner Zeit widersetzte, wird so eine Utopie, ein Zukunfts- und Gegenbild für unsere eigene hektische, geschwindigkeitssüchtige Zeit. Schul- und Gefängnisreform lassen sich ebenso daraus ableiten wie neue Regierungssysteme oder die radikale Absage an den Krieg, für den die Menschen ‚zu langsam' sind."

5 Unterrichtsreihen

Die *Entdeckung der Langsamkeit* ist problemlos in verschiedene Unterrichtsreihen einzubinden. Neben Nadolnys Roman finden sich weitere Prosawerke der Gegenwartsliteratur, in denen das Thema *Langsamkeit* vor der Folie einer vom Zwang zur Geschwindigkeit beherrschten Gesellschaft behandelt wird. Zu nennen sind hier insbesondere die Romane von Peter Handke (*Langsame Heimkehr; Der kurze Brief zum langen Abschied*), Hermann Lenz (*Kutscher und Wappenmaler; Die Begegnung*), Alois Brandstetter (*Die Abtei*) und E. Y. Meyer (d. i. Peter Meyer) (*Die Rückfahrt*).[156] Eine fortschritts- und zivilisationskritische Reihe wäre denkbar unter Einbeziehung der Romane von Peter Sloterdijk (*Der Zauberbaum*) und Ludwig Harig (*Rousseau. Der Roman vom Ursprung der Natur im Gehirn*). Thematischer Schwerpunkt einer Unterrichtsreihe könnte weiterhin die Außenseiterproblematik sein, die Gegenstand verschiedener deutscher Romane ist.[157] Sollen Aspekte der Gattungsproblematik im Zentrum stehen, so bietet sich eine Reihe zum *Historisch-biographischen Roman* an (Lion Feuchtwanger: *Die häßliche Herzogin Margarete Maultasch*; Robert Neumann: *Sternensee. Doktor Favorit und armer Sünder*; Peter Härtling: *Hölderlin*; Elisabeth Plessen: *Kohlhaas*; Horst Stern: *Mann aus Apulien*).[158] Möglich wären freilich auch Reihen zum Entwicklungs- oder Abenteuerroman.[159] Reizvoll schiene mir schließlich eine Reihe zur Gegenwartsliteratur unter dem Aspekt des Vergleichs verschiedener Erzählkonzeptionen (traditionelles, modernes, ggf. postmodernes Erzählen (z. B. Hans Christoph Buch: *Die Hochzeit von Port-aup-Prince*; Botho Strauß: *Der junge Mann*; Peter Handke: *Die Stunde der wahren Empfindung*).[160]

6 Materialien

Mat. 1 Verkehrswege und Transportwesen in England zur Zeit der Industriellen Revolution

1807	Erster regelmäßiger Dampfschiffverkehr in USA eingerichtet durch Fulton
1814	Erfindung der Lokomotive durch Stephenson
1818	Erste Dampfschiffahrt von New York nach Liverpool
1825	Dampfschiffahrt auf dem Rhein
1825	Erste Eisenbahn in England
1834	Elektromotor durch Jacobi
1835	Erste Eisenbahn in Deutschland

Handel und Schiffahrt in England

Die Rolle Englands als Mutterland der Industrialisierung hing nicht zuletzt auch von einem geographischen Faktor ab, der Insellage und dem unmittelbaren Zugang zu den Weltmeeren. Nicht nur die Nötigung und die größere Möglichkeit zum Welthandel wurden damit gestärkt – auch die Küstenschiffahrt hatte in der englischen Entwicklung eine besondere Rolle, weil der Transport zu Wasser immer billiger war als der Transport zu Lande, vor allem, wenn es sich um den Transport mit Pferd und Wagen auf einem recht schlechten und unsicheren Straßensystem handelte, wie es in England am Anfang des 18. Jahrhunderts noch der Fall war. Daher nützte man in England schon frühzeitig nicht nur die Küstenschiffahrt, sondern im Inland auch die Möglichkeiten des Transports auf Wasserwegen, entweder auf den schiffbar gemachten Flüssen oder vor allem auf dem im 18. Jahrhundert schnell entwickelten Kanalsystem. 1750 gab es in England über 1000 Meilen, d. h. etwa 1600 km schiffbare Flußläufe. Vom Anfang des 18. Jahrhunderts bis zu seinem Ende erweiterte sich das Kanalnetz von 165 km auf 1004 km Länge. Der Transport auf dem Wasser verbilligte die Kosten vor allem für die schweren Transportgüter wie Kohle, Eisen und Baumaterial.

Eisenbahn

Nicht nur die Verbilligung der Transportkosten, auch die wachsende Geschwindigkeit und größere Leistungskraft besonders beim Rohstofftransport, aber auch im Personenverkehr, wurde für die Entwicklung der Industrie von immer größerer Bedeutung. Auch hierin war England bahnbrechend, wie die folgende Tabelle der jeweils ersten Eisenbahneinführung zeigt.

Auf Grund der vorhergehenden industriellen Entwicklung wurde in England nicht nur die erste Eisenbahn überhaupt gebaut, es entstand auch schnell ein Netz von Bahnlinien, das schließlich das ganze Land überzog. Das Streckennetz wurde in England von 1830 bis 1850 von 152 km auf über 10 000 km erweitert. Zur gleichen Zeit hatte Deutschland erst eine Strecke von 6044 km Länge erreicht (siehe Tabelle „Das Streckennetz der Eisenbahn 1830–1900"). Was der Ausbau der Eisenbahn für die Erhöhung der Transportgeschwindigkeit technisch bedeutete, zeigt z. B. die Tatsache, daß man nach Sombarts Berechnungen 1800 mit der Postkutsche bei relativ günstigen Straßenverhältnissen, mit Pferdewechsel und eingelegten Ruhepausen im Schnitt 50 km am Tage schaffte, 1850 mit der Eisenbahn aber 400 km und 1900 800 km.

Nachdem 1825 in England die erste Eisenbahn auf der Strecke von Stockton nach Darlington in Betrieb genommen worden war, bedurfte es einiger Zeit, bis sich die Einführung des neuen Transportmittels auf die Verkehrsverhältnisse und damit auf die allgemeine industrielle Entwicklung auswirkte. Der Kohlentransport auf der Eisenbahn überflügelte erst 1867 den Kohlentransport auf den Wasserstraßen. Erst zwischen 1845 und 1847 wurde der Einfluß des Eisenbahnbaues auf die Entwicklung der Eisenindustrie deutlich sichtbar. Man schätzt den Prozentanteil des Roheisenbedarfs für den Streckenbau an der Roheisenproduktion Englands zwischen 1835 und 1843 auf 9,8%, zwischen 1844 und 1851 auf 28,6%. Außerdem hat sich der Bau von Lokomotiven und Waggons auf die Erweiterung der Eisen- und Maschinenindustrie ausgewirkt und die steigende Nachfrage nach Holz, Glas und Leder gefördert. Es ist wahrscheinlich, daß durch diese Vorgänge – wenn auch nicht allein, so doch entscheidend – insgesamt die industrielle Entwicklung beschleunigt worden ist, die ihre stärkste Zuwachsrate pro Kopf zwischen 1850 und 1880 erreichte.

Die erste Eisenbahn in Betrieb

Land	*im Jahre*
Großbritannien	1825
USA	1830
Frankreich	1832
Belgien	1835
Deutschland	1835
Österreich-Ungarn	1838
Rußland	1838
Holland	1838
Schweiz	1851

Streckennetz der Eisenbahn (in km) 1830-1900

Jahr	*Großbritannien*	*Deutschland*	*USA*
1830	152	–	37
1840	2 308	549	4 537
1850	10 653	6 044	14 524
1860	16 768	11 633	49 322
1870	24 999	19 575	85 166
1880	28 854	33 711	150 152
1890	32 297	42 869	268 392
1900	35 165	51 678	–

Veränderung der Lebensweise

Über diese teilweise indirekt oder nur für bestimmte Bevölkerungsgruppen nachweisbaren Auswirkung des Eisenbahnbaues darf man die mehr auf die Lebensweise der Menschen direkt einwirkenden Folgen der Eisenbahn nicht vernachlässigen. Sie veränderte erstmalig in so großem Umfang und so schubartig die geographische Mobilität wie wenige verkehrstechnische Veränderungen zuvor. Um die Tiefe der Verwandlungen zu illustrieren, müßte man die Zeit des Kutschenbaues vor der Industrialisierung mit der nach dem Eisenbahnbau exakt vergleichen können. Das ist wegen der fehlenden Unterlagen kaum genau möglich. Dennoch läßt sich der Wechsel wenigstens mit einigen Hinweisen verdeutlichen. Sieht man sogar nur auf eine Großstadt wie London mit mehreren hunderttausend Einwohnern, so wird doch auch hier der Unterschied sichtbar.

Um die Mitte des 18. Jahrhunderts verließen London täglich etwa 100 bis 140 Postkutschen zur Überlandfahrt. Wenn man annimmt, daß eine große Postkutsche durchschnittlich etwa 20 Personen beförderte – was unwahrscheinlich ist, weil sicherlich nicht jede Postkutsche voll besetzt war –, dann haben täglich etwa 2800 Menschen London mit der Postkutsche verlassen können. Das Land hatte damals etwa zwischen 6 und 7 Millionen Einwohner, die Mehrzahl von ihnen lebte nicht in den Städten. Daraus läßt sich die geringe Mobilität ersehen. Das wurde durch die Eisenbahn anders. 1845 entfiel in Großbritannien auf neun Einwohner eine Reise mit der Eisenbahn pro Jahr. 1855 kamen auf einen Einwohner drei, 1931 schon 35 Reisen pro Jahr.

(aus: Informationen zur politischen Bildung Nr. 164 (1988). Das 19. Jahrhundert. Industrialisierung und Soziale Frage. S. 8–10).

t. 2 Arbeitsteilung

Die Arbeitsteilung dürfte die produktiven Kräfte der Arbeit mehr als alles andere fördern und verbessern. Das gleiche gilt wohl für die Geschicklichkeit, Sachkenntnis und Erfahrung, mit der sie überall eingesetzt oder verrichtet wird.

Man kann den Einfluß der Arbeitsteilung auf die gesamte Volkswirtschaft leichter verstehen, wenn man sich zunächst klarmacht, auf welche Weise sie in einzelnen Erwerbszweigen durchgeführt wird. Es hat gewöhnlich den Anschein, als sei sie in einigen unbedeutenden Gewerben am weitesten entwickelt, doch sollte man sich nicht täuschen lassen. Denn in solchen Gewerben, die nur den bescheidenen Bedarf eines kleinen Kundenkreises zu decken haben und folglich nur eine begrenzte Anzahl Arbeitskräfte beschäftigen, können diese häufig in einer einzigen Werkstatt untergebracht werden. So fällt es dem Betrachter sofort auf, daß sie verschiedene Arbeiten verrichten. Anders ist es in den großen Gewerbezweigen, die für den Massenbedarf der Bevölkerung produzieren. Hier benötigt man für jeden einzelnen Arbeitsgang so viele Menschen, daß man sie unmöglich alle in derselben Werkstatt einsetzen kann. Wir sehen daher im allgemeinen nicht mehr als eine einzige Abteilung des Betriebes. Tatsächlich mag aber die Arbeitsteilung hier verzweigter sein als in unbedeutenden Gewerben, was allzu leicht übersehen wird, da sie auf den ersten Blick nicht zu erkennen ist.

Wir wollen daher als Beispiel die Herstellung von Stecknadeln wählen, ein recht unscheinbares Gewerbe, das aber schon häufig zur Erklärung der Arbeitsteilung diente. Ein Arbeiter, der noch niemals Stecknadeln gemacht hat und auch nicht dazu angelernt ist (erst die Arbeitsteilung hat daraus ein selbständiges Gewerbe gemacht), so daß er auch mit den dazu eingesetzten Maschinen nicht vertraut ist (auch zu deren Erfindung hat die Arbeitsteilung vermutlich Anlaß gegeben), könnte, selbst wenn er sehr fleißig ist, täglich höchstens eine, sicherlich aber keine zwanzig Nadeln herstellen. Aber so, wie die Herstellung von Stecknadeln heute betrieben wird, ist sie nicht nur als Ganzes ein selbständiges Gewerbe. Sie zerfällt vielmehr in eine Reihe getrennter Arbeitsgänge, die zumeist zur fachlichen Spezialisierung geführt haben. Der eine Arbeiter zieht den Draht, der andere streckt ihn, ein dritter schneidet ihn, ein vierter spitzt ihn zu, ein fünfter schleift das obere Ende, damit der Kopf aufgesetzt werden kann. Auch die Herstellung des Kopfes erfordert zwei oder drei getrennte Arbeitsgänge. Das Ansetzen des Kopfes ist eine eigene Tätigkeit, ebenso das Weißglühen der Nadel, ja, selbst das Verpacken der Nadeln ist eine Arbeit für sich. Um eine Stecknadel anzufertigen, sind somit etwa 18 verschiedene Arbeitsgänge notwendig, die in einigen Fabriken jeweils verschiedene Arbeiter besorgen, während in anderen ein einzelner zwei oder drei davon ausführt. Ich selbst habe eine kleine Manufaktur dieser Art gesehen, in der nur 10 Leute beschäftigt waren, so daß einige von ihnen zwei oder drei solcher Arbeiten übernehmen mußten. Obwohl sie nun sehr arm und nur recht und schlecht mit dem nötigen Werkzeug ausgerüstet waren, konnten sie zusammen am Tage doch etwa 12 Pfund Stecknadeln anfertigen, wenn sie sich einigermaßen anstrengten. Rechnet man für ein Pfund über 4000 Stecknadeln mittlerer Größe, so waren die 10 Arbeiter imstande, täglich etwa 48 000 Nadeln herzustellen, jeder also ungefähr 4800 Stück. Hätten sie indes alle einzeln und unabhängig voneinander gearbeitet, noch dazu ohne besondere Ausbildung, so hätte der einzelne gewiß nicht einmal 20, vielleicht sogar keine einzige Nadel am Tag zustande gebracht. Mit anderen Worten, sie hätten mit Sicherheit nicht den zweihundertvierzigsten, vielleicht nicht einmal den vierhundertachtzigsten Teil von dem produziert, was sie nunmehr infolge einer sinnvollen Teilung und Verknüpfung der einzelnen Arbeitsgänge zu erzeugen imstande waren.

In jedem anderen Handwerk und Gewerbe wirkt sich die Arbeitsteilung oder Spezialisierung ähnlich wie in diesem doch recht unbedeutenden Erwerbszweig aus, wenn auch in vielen von ihnen der gesamte Produktionsablauf nicht so stark zerlegt und auf einzelne Verrichtungen zurückgeführt werden kann. Sobald aber die Teilung der Arbeit in einem Gewerbe möglich ist, führt sie zu einer entsprechenden Steigerung ihrer Produktivität. In diesem Vorteil dürfte der Grund zu suchen sein, daß es überhaupt zu verschiedenen Gewerben und Berufen kam. Auch ist die Spezialisierung gewöhnlich in Ländern am weitesten fortgeschritten, die wirtschaftlich am höchsten entwickelt sind. Was in einem primitiven Volk ein einzelner an Arbeit leistet, verrichten in einer zivilisierten Gesellschaft zumeist mehrere. So ist in einer entwickelten Nation der Bauer in der Regel nur Bauer, der Handwerker gewöhnlich nichts anderes als Handwerker. Auch in die Arbeit, die zur Fertigung irgendeines Werkstückes notwendig ist, teilen sich durchweg viele. Wie viele verschiedene Berufe gibt es allein in den einzelnen Zweigen des Leinen- und Wollgewerbes, angefangen mit den Erzeugern von Flachs und Wolle bis hin zu den Bleichern und Glättern des Leinens oder den Färbern und Tuchmachern!

(aus: Smith, Adam: Der Wohlstand der Nationen. Eine Untersuchung seiner Natur und seiner Ursachen. Aus dem Englischen übertragen und mit einer Würdigung von H. C. Recktenwald. München 1974. Originalausgabe: An Inquiry into the Nature and Causes of the Wealth of Nations. London 1776, S. 10–12).

X Mat. 3 Plädoyer für einen anderen Fortschritt

Wir brauchen den anderen Fortschritt, er kann mit Sicherheit keine Forsetzung des bisherigen sein. Der andere Fortschritt, das ist gewiß auch Vermehrung des Wohlstands, Vermehrung sogar des materiellen Wohlstands – eines Wohlstands allerdings, der anders, gerechter in der Welt verteilt sein müßte; eines Wohlstands mit Maß und Vernunft, keines Wohlstands zum Wegwerfen und Neukaufen. Der andere Fortschritt aber ist vor allem Vermehrung der Qualität, nicht der Quantität:

Qualität der Konsumgüter, Qualität der Bildung, Qualität der Kommunikation und ihrer Mittel, Qualität der Arbeit, Qualität der Umwelt, Qualität des Lebens und letztlich – wenn man sieht, wie inhuman-apparativ heute vielfach Menschen sterben müssen – auch Qualität des Todes, der zum Leben gehört.

Der andere Fortschritt ist die Vermehrung der gesellschaftlichen und individuellen Freiheit, ist [...] Fortschritt im Bewußtsein der Freiheit, Fortschritt in dem Bewußtsein, daß alle Menschen als Menschen frei sind. Der andere Fortschritt soll den Menschen wieder in die Verantwortung setzen – auch und vor allem im Prozeß seiner Auseinandersetzung mit der Natur und in der Arbeit. Der andere Fortschritt soll – wie Marx sagt – alle Verhältnisse umwerfen, „in denen der Mensch ein erniedrigtes, ein geknechtetes, ein verlassenes, ein verächtliches Wesen ist". Der andere Fortschritt will die Menschlichkeit in den Mittelpunkt des politischen Handelns stellen, der Mensch steht weder unter dem Staat noch über der Natur. Solange wir aber mit den Begründern der modernen Naturwissenschaft voraussetzen, daß die Natur nur den Zwecken des Menschen dient, ist nicht abzusehen, wie sich am Dilemma des Fortschritts etwas ändern sollte.

Es ist höchste Zeit, radikal mit einem Fortschrittsbegriff zu brechen, der nur die Fortschritte der Naturbeherrschung wahrnimmt, nicht aber den durch sie verursachten Rückschritt der gesellschaftlichen Entwicklung [...]

Der andere Fortschritt fordert deshalb auch Verzicht: in erster Linie Verzicht darauf, das technisch Machbare nur um seiner selbst willen zu machen; Verzicht aber auch auf Konsum nur um des Konsums willen gemäß der Logik kapitalistischer Profitmaximierung; Verzicht der Staaten auf das Potential der gegenseitigen Vernichtung; Verzicht auf die Drohgebärde als Mittel der zwischenstaatlichen Politik; Verzicht auf die Unterdrückung und Ausbeutung des Menschen und nicht zuletzt Verzicht auf die rücksichtslose Ausbeutung und Belastung der Natur. „Was der Mensch dem Menschen und der Natur angetan hat, muß aufhören ...", sagte Herbert Marcuse schon vor Jahren, „dann erst und dann allein können die Freiheit und die Gerechtigkeit anfangen."

So gesehen ist Voraussetzung des anderen Fortschritts ein Moment des Stillhaltens, der Besinnung. Es kann nicht weitergehen wie bisher. Der Fortschritt hat sich verrannt, ist in eine Sackgasse geraten. [...] In einer Gesellschaft, in der die soziale Existenz des einzelnen derart ausschließlich an die bezahlte Arbeit gebunden ist, in der sie allein als Schlüssel für ein sinnvolles Leben angesehen wird, muß zwangsläufig jeder in seinem Selbstgefühl getroffen werden, der einer bezahlten Tätigkeit nicht oder nicht mehr nachgeht. Dies gilt gleichermaßen für Arbeitslose, für Rentner wie für Hausfrauen. Produktivitätssteigerung und Wachstumskrise werden zu weiteren Verkürzungen der Arbeitszeit führen. Die notwendige Umverteilung der bezahlten Arbeit wird ihrerseits die aus ökologischer Sicht nicht minder notwendige Umgewichtung der nichtbezahlten Arbeit erleichtern: Nichterwerbliche Eigenarbeit wird stärker in den Mittelpunkt unseres Lebens rücken. Vollbeschäftigung kann durch eine sinn- und maßlose Produktion nicht wiedererlangt werden, sondern nur durch eine Neubestimmung der Arbeit. Die Kriterien dieser Neubestimmung lauten: Neugestaltung und Selbstbestimmung der konkreten, vorhandenen Arbeit, Aufwertung der nichtproduktiven Arbeit, Wiedereinführung der schöpferischen Dimension der Arbeitstätigkeit.

Echte, solidarische, gesellschaftliche Verantwortlichkeit kann der Mensch in seiner Arbeit nur entwickeln, wenn er nicht durch den Arbeitsprozeß entmündigt wird. Produktive Arbeit ist Umformung der Natur zu Gebrauchsgütern. Wer im Arbeitsprozeß von jeglicher Verantwortlichkeit enteignet worden ist, der wird auch gegenüber dem Gegenstand seiner Arbeit, der Natur, keine Verantwortung empfinden. Mithin müssen diejenigen, die für einen verantwortlichen Umgang des Menschen mit der Natur plädieren, in erster Linie dafür eintreten, daß solidarische Verantwortlichkeit im Arbeitsprozeß entstehen kann. Es würde nicht viel nützen, wenn es hin und wieder gelänge, ein Atomkraftwerk stillzulegen oder eine Chemiefabrik zu schließen, und der Mensch in anderen Gebieten genauso unverantwortlich weiterproduzierte, genauso ausbeuterisch mit der Natur umginge wie bisher. Die Zurückgewinnung der Mündigkeit, die Wiederherstellung der solidarischen, gesellschaftlichen Verantwortlichkeit des Menschen im Arbeitsprozeß aber ist das Hauptziel der gewerkschaftlichen und sozialistischen Politik.

(aus: Lafontaine, Oskar: Der andere Fortschritt. Verantwortung statt Verweigerung. Hamburg 1985, S. 49–51 u. 186–187. Zitiert nach Wochenschau 44 (1993), H. 6, S. 232–233).

Mat. 4 Revolution der Geschwindigkeit

Die Geschichte des Menschen läßt sich als endloser Wettlauf mit der Zeit beschreiben. Zuerst Mittel zum Überleben – Flucht vor Raubtieren –, wird dieser Wettlauf bald vom Streben nach Macht getrieben. Am Anfang seiner Geschichte stehen Aufzucht und Dressur. Im Neolithikum nutzt der Mensch das Tier ausschließlich zur Ernährung, wird jedoch bald das Zug- und Reittier entdecken. Er erfindet den Zentauren. Damit beginnt die Geschichte der Eroberung von Territorien. Die Erfindung des Schiffs, des ersten nichtmetabolischen, d. h. von Zugtieren unabhängigen Fahrzeugs, ermöglicht die Entfaltung von Kolonialmächten; antikes Griechenland und Römisches Imperium. Sehr früh wird auch die schnelle Übermittlung von Nachrichten als Machtinstrument eingesetzt. In der mittelalterlichen Gesellschaft gehörte es zu den Privilegien der Grundherren, Taubenschläge zu unterhalten; für das niedere Volk stand darauf die Todesstrafe. Ebenso galt Pferdediebstahl als Majestätsverbrechen. Während der Vorherrschaft Venedigs wurde man über alles, was im Mittelmeerraum geschah, durch Brieftauben und Läufer binnen 24 Stunden informiert.

Erst die neuere Geschichte bringt in diesem Wettlauf mit der Zeit einen radikalen Bruch. Zwischen Cäsar und Napoleon gibt es praktisch keine Beschleunigung, bis auf den Punkt vielleicht, daß mehr Segel auf den Schiffen gesetzt, daß Flinte und Hakenbüchse erfunden werden. Eine wirkliche Geschwindigkeitsrevolution löst erst die industrielle Revolution des letzten Jahrhunderts aus. Denn nun kann der Mensch Maschinen erfinden, die selbst Geschwindigkeit hervorbringen, und zwar nicht nur, um unbelebte Gegenstände voranzutreiben (zum Beispiel Kanonenkugeln), sondern um Passagiere zu befördern.

Sehr bald – kaum ein Jahrhundert später – wird eine zweite Revolution, die der Übertragungsmedien, mit der Entwicklung von Funk und Elektronik die Lebensgewohnheiten grundlegend umwälzen; die letzten beiden Weltkriege haben diesen Prozeß noch beschleunigt. Nachdem es in den 40er Jahren gelang, die Schallmauer zu durchbrechen und wenig später mit dem Aufkommen der Raketen die Hitzemauer, ist heute die dritte und letzte Geschwindigkeitsmauer erreicht: die der Lichtgeschwindigkeit. Wir erleben die Entwicklung von sogenannten Echtzeit-Technologien. Frappierendes Anschauungsmaterial dazu hat der Golf-Krieg geliefert. Denn es war der erste Krieg, der – durch den Einsatz elektronischer Techniken – in Echtzeit stattfand. Kaum im Irak abgeschossen, waren die Scud-Raketen auch schon von amerikanischen Aufklärungssatelliten geortet; diese sendeten ihre Informationen über Fernseh-Satelliten zum Rechenzentrum in Atlanta, – wo die Flugbahn berechnet wurde und wo sich ja auch die Station des berühmten amerikanischen Nachrichtensenders CNN befindet – das seine Auswertungen wiederum zu den Basen der Patriot-Abfangjäger zurücksandte. All das geschah innerhalb von ein oder zwei Minuten.

Macht wird heute über den raschen Zugriff auf – militärische oder zivile – Informationen ausgeübt. In jedem Unternehmen fließen die Informationen zur zentralen Entscheidungsgewalt, d. h. zum Chef oder zum Vorstandsvorsitzenden. Ebenso kann bei der Börsenspekulation einen Vorteil nur derjenige erzielen, der eher informiert ist als die anderen. Deshalb gibt es ja so viele Prozesse um Bestechungsaffären und Vertrauensmißbrauch. Denn aus der sofortigen und weltweiten Verbreitung der Informationen, wie sie die heutige Satellitentechnik ermöglicht, folgt nicht notwendig, wie man vielleicht vermuten könnte, auch eine Stärkung der bestehenden Demokratien. Die Schnelligkeit der Übertragungen mag uns wunderbar erscheinen, aber wir müssen uns hüten vor der Illusion einer Stärkung der Demokratie durch allgegenwärtige Informationen, was durch die weltumspannenden Kommunikationsnetze vielleicht nahegelegt wird. Im Unterschied zu früheren Gesellschaften, die einen realen Raum einnahmen und auf der Geometrie von Zentrum und Peripherie beruhten, wird die Gesellschaft der Echtzeit und des Lichts heute oft als Gesellschaft ohne Zentrum dargestellt, stattdessen sei sie übersät mit „Knoten“ – Überschneidungen von Netzen –, die jedermann zugänglich sind. Das stimmt einfach nicht. Denn es findet immer eine Rezentralisierung statt, nämlich dann, wenn eine Überschneidung stärker ist als andere. Im Golfkrieg befand sich das Zentrum im Pentagon und nirgends sonst.

Wir sollten uns nicht darüber hinwegtäuschen: die absolute Geschwindigkeit, d. h. die Lichtgeschwindigkeit (300 000 km/sek.) „hautnah“ zu erfahren, heißt nicht, sie auch schon zu beherrschen. So erscheint der Mensch zuweilen als schwächstes Glied in der Geschwindigkeitskette, die er selbst ausgelöst hat. Nicht von ungefähr setzt man heute elektronische Simulationstechniken zur Unfallverhütung ein. Durch Simulation kann die menschliche Reaktionsgeschwindigkeit selbst in unvorhersehbaren Situationen scheinbar gesteigert werden, zum Beispiel beim Kontrollpersonal von Atomkraftwerken oder Zugführern und Piloten.

Auch der Börsenkrach im Oktober 1987 zeigte, inwieweit der Mensch das schwächste Glied in der Kette ist. Einmal abgesehen von den objektiven wirtschaftlichen Bedingungen, die die Krise möglich machten, sollte die mit der automatischen Kursnotierung – dem program trading – verbundene Beschleunigung letztlich das Ausmaß der Krise bestimmen. Ein paar Tage nach dem Börsenkrach fand sich im *Wall Street Journal* dazu ein aufschlußreicher Kommentar: die Zentralrechner haben durchgehalten, doch die Terminals sind zusammengebrochen. Anders gesagt: für die Zentralrechner, die mit der Geschwindigkeit der Elektronik arbeiteten, war das Sinken der Kurse kein Problem; den Einbruch gab es erst auf der Übertragungsebene der Informationen von den Zentralrechnern zu den Anzeige-Terminals in Wall Street, die der Lesegeschwindigkeit der Börsenmakler nicht mehr angepaßt war. Deshalb wurde die Verzögerung zwischen zentraler Kursnotierung und dezentraler Anzeige immer größer. Eine Information, die in Lichtgeschwindigkeit vorbeirauscht, ist schwer zu sehen!

Die Technologien selbst scheinen von der Geschwindigkeit „erfaßt“ zu werden, in der militärischen Luftfahrt bildet der Entwurf der letzten Generation von Jagdbombern, der sogenannten „Unsichtbaren", dafür ein gutes Beispiel. Denn zum ersten Mal wird die Form eines Objekts durch dessen fernes Bild geprägt. Anders gesagt: das Echoradar, das Hunderte Kilometer vom Flugzeug entfernt aufgefangen wird, gestaltet die Form des in Bewegung befindlichen Körpers. Und das ist etwas vollkommen Neues. Denn bislang war die Form der Flugkörper von der Aerodynamik geprägt, d. h. von Eigenschaften, die mit dem Strömungswiderstand zusammenhingen. Nun jedoch haben wir es plötzlich mit einer „Ikonodynamik" zu tun, bei der das auf dem Radarschirm auftauchende elektromagnetische Bild den Flugkörper modelliert. Und vielleicht werden die Flugzeuge der Zukunft nicht unbedingt leistungs- und manövrierfähiger sein als die Jagdflieger von heute, aber sie werden unsichtbar und nicht mehr zu orten sein.

Die von den Echtzeit-Technologien ausgelöste Revolution beschränkt sich nicht auf die bloße Beschleunigung der Informationsübertragung; sie bietet zugleich eine völlig neue Welt-Anschauung, einen völlig neuen Zugang zur Welt, die künftig durch ein neues, indirektes Licht erhellt wird. Überwachung durch Videokameras und weltumspannende Datennetze machen es möglich, in Echtzeit zu sehen und zu wissen, was am anderen Ende der Welt geschieht. Heute gibt es also zwei Sonnen: die echte Sonne, die unseren Tag- und Nachtrhythmus bestimmt; und die zweite Sonne, die Sonne des Video-Signals, mit der wir über Satelliten, egal ob Wetter- oder Spionagesatelliten, sehen können, was sich weit entfernt abspielt. Damit machen wir im planetarischen Maßstab eine Instanteität, eine Augenblicklichkeit möglich.

So scheint sich mit den schwindelerregenden Geschwindigkeiten, die das ausgehende 20. Jahrhundert kennzeichnen, bereits ein merkwürdiges Paradox des dritten Jahrtausends anzudeuten. Es liegt darin, daß der Mensch, der eigentlich den ganzen technologischen Wirbel entfesselt hat, letztlich selbst zum Stillstand kommen wird. Die Echtzeit-Technologien von morgen versprechen uns, interaktiv zu sein. Durch Telefonkonferenzen wird jeder mit jedem kommunizieren können, ja mit sogenannten „Datenhandschuhen" eine Teleaktilität erreichen, d. h. vermittels Sensoren berühren können, was weit entfernt ist. Im dritten Jahrtausend werden wir die Möglichkeit haben, hier zu bleiben und gleichzeitig woanders zu sein. Weil es Teletransport bislang nur in der Science-fiction gibt, wird der Körper des Menschen, und zwar der des reichen und mächtigen, nicht bloß mit dem Datenhandschuh ausgestattet, inklusive Helm mit integriertem Video, damit er, ohne sich vom Fleck zu rühren, augenblicklich die Sinnempfindungen davon hat, was Tausende Kilometer entfernt geschieht. Derlei Experimente führt zur Zeit die NASA durch, man forscht nach Fernsteuerungssystemen und Robotern, die auf dem Mars Mineralien fördern oder auf der Erde in strahlenverseuchten Gebieten arbeiten können.

Die Fernsteuerung ermöglicht es, dem Roboter einen Menschen einzupflanzen; aber einen Menschen, der natürlich an seiner Schaltstelle sitzenbleibt, ausgerüstet mit seinen technologischen Prothesen. Vielleicht kommt bald die Zeit, wo der prothesengestützte Invalide von heute das Modell des rechnergestützten Gesunden von morgen abgibt. An dieser drohenden Gefahr des Stillstands kann man sehen, daß sich auch hier ein „dromologisches" Gesetz durchsetzt, ein Gesetz, das der Logik der Rennbahn folgt: jede höhere Geschwindigkeit grenzt zuerst niedrigere Geschwindigkeit aus, um sie dann zu verdrängen. Ähnlich wie bei den Pferden, die man ja nicht abschafft, sondern auf die Pferderennbahnen verbannt hat, wird die körperliche Aktivität des Menschen auf Spiel und Sport begrenzt. Man sieht das an der Entwicklung der Sportarten, am Jogging oder an den Fernsehreportagen vom

Hochleistungssport, die lediglich Kompensationen, d. h. klinische Symptome der Trägheit sind. Wir sind nicht mehr Reisende, sondern Pakete, die in Flugzeugen und Zügen transportiert werden, sitzend und prothesengestützt.

Dem „dromologischen" Gesetz kann sich nichts und niemand entziehen. Es gilt sogar für das Symbol der Geschwindigkeit im 20. Jahrhundert, das Formel-1-Rennen, denn auch das ist heute überholt: die Motorenleistung der Rennwagen wird freiwillig reduziert. Das Formel-1-Rennen findet eigentlich nur noch fürs Fernsehen statt, für ein Spektakel, bei dem das Rennen auf eine Ringbahn der Geschwindigkeit begrenzt wird. Das Autodrom wird letztlich zur Manege, in der sich die Rennwagen drehen wie früher die Zirkuspferde.

Die reinen Geschwindigkeiten der Wellen, die wir uns heute dienstbar zu machen suchen, werden den Leistungsfähigsten und Mächtigsten bald die Möglichkeit einer globalen Präsenz bieten ... Überall sofort sein, alles sehen, allgegenwärtig sein; diese Möglichkeiten, die der Mensch erstrebt, sind letztlich solche des Göttlichen. Offenbar muß selbst unsere materialistische Gesellschaft ihren *deus ex machina* erfinden. So fügt es sich, daß gerade dann, wenn der religiöse Fundamentalismus in Frage gestellt wird, ein technischer Fundamentalismus aufkommt.

(aus: Virilio, Paul: Revolution der Geschwindigkeit. Aus dem Französischen von Marianne Karbe. Berlin 1993, S. 7-16.)

at. 5 Bericht eines englischen Parlamentsausschusses über die Kinderarbeit in Fabriken (1833)

Der Anhang dieses Berichtes wird nachweisen, daß die Ausschußmitglieder überall mit äußerster Sorgfalt die Behandlung erkundet haben, denen Kinder während ihrer Arbeit in Fabriken ausgesetzt sind. Die Erkundigungen wurden von den Kindern selbst, von ihren Eltern, von Arbeitern, Aufsehern, Fabrikbesitzern, Ärzten und Polizeirichtern eingezogen. Ihre Auskünfte lauten unter anderem wie folgt: „Als sie zu klein war, um ihre eigenen Kleider anziehen zu können, pflegte der Aufseher sie zu schlagen, bis sie erneut schrie." „Bekommt eine ganze Menge Schläge und Flüche. Sie alle werden schlecht behandelt. Der Aufseher trägt eine Riemenpeitsche." „Wurde vier- oder fünfmal verdroschen." „Die Jungen werden oft hart geprügelt; die Mädchen bekommen manchmal eine Kopfnuß. Oft beschweren sich die Mütter darüber. Hat gesehen, daß die Jungen nach dem Verprügeln schwarze und blaue Narben haben." „Vor drei Wochen schlug ihn der Aufseher mit der geballten Faust ins Auge, um ihn zu zwingen, zwei Tage zu fehlen; ein anderer Aufseher pflegte ihn mit der Faust zu schlagen und traf ihn so, daß sein Arm schwarz und blau war." „Hat oft die Arbeiter grausam schlagen sehen. Hat gesehen, wie Mädchen verprügelt wurden; die Jungen aber wurden so geschlagen, daß sie beim Prügeln mit einem Seil mit vier Schwänzen, Katze genannt, auf den Boden fielen. Hat die Jungen grün und blau geprügelt gesehen, um Gnade weinend."

Es ist offensichtlich, daß in Schottland und in den östlichen Bezirken Englands, wo die härteste Behandlung der Kinder üblich ist, die größte Zahl schwerer Fälle in den kleinen entlegenen Fabriken, die den kleinsten Besitzern gehören, vorkommen, und daß die schlechte Behandlung von gewalttätigen und liederlichen Arbeitern herrührt. Es sind oft gerade die Männer, die sich am meisten über die Grausamkeiten entrüsten, denen Kinder in Fabriken ausgesetzt sind [...]

Gleicherweise hat es – nach den Erklärungen und eidlichen Zeugenaussagen, die wir bei der gegenwärtigen Untersuchung in den verschiedenen Distrikten Englands erhalten haben – den Anschein, daß körperliche Bestrafung in der großen Mehrzahl der Fälle von den Eigentümern verboten wird; denn es ist eidlich durch verschiedene Zeugen bewiesen, daß Arbeiter und Aufseher wegen Verstoßes gegen diesen Befehl von ihrer Arbeit suspendiert oder sogar entlassen wurden. Man kann die Beweisstücke von Leeds, Manchester und den westlichen Distrikten nicht lesen, ohne darüber befriedigt zu sein, daß in den letzten Jahren ein Fortschritt in der Behandlung von Kindern erzielt wurde. Schlechte Behandlung gibt es hauptsächlich noch in den kleinen abgelegenen Fabriken, während in den großen und kleinen Fabriken in England Kinder dieser Behandlung ausgesetzt sind von Arbeitern, die die Kinder selbst anwerben und bezahlen, so daß sie völlig ihrer Kontrolle unterstehen [...] Unter den Anzeichen des Wunsches der Besitzer, die Bequemlichkeit und Gesundheit der Arbeiter im allgemeinen und der jungen Leute im besonderen zu fördern, müssen wir die medizinischen Untersuchungen von Dr. Hawkins in der Fabrik in Belper und Milford erwähnen, die den Herren Strutt gehört und in der zweitausend Werktätige beschäftigt sind. Es wird erklärt, daß ein guter Schwimmer von den Eigentümern im Sommer zweimal am Tag beschäftigt wird an einem Weiher, der den Arbeitern zum Baden zur Verfügung steht. Über die Fabrik von Herrn William Newton in Cresbrook, Tideswall, die wegen der großen Zahl von Lehrlingen bekannt ist, wurde folgende Erklärung abgegeben: Herr Newton verdient nichts an den Kindern und gibt ihnen nicht mehr als Kost, Unterkunft, Wäsche und Kleidung, außerdem jedem Lehrling ein monatliches Taschengeld, das zwischen sechs Pennies und einem Schilling, sechs Pennies schwankt. Herr Newton beschäftigt zwei Personen, die als Sonntagslehrer fungieren. Sie gehen nicht zur Kirche, weil die nächste Kirche drei Meilen entfernt ist, aber zweimal am Sonntag wird für sie Bibelstunde gehalten. „Ich muß zur Ehre von Herrn Newton erklären", so fügt Dr. Hawkins hinzu, „daß ich nach einer sehr genauen und unerwarteten Prüfung seiner Firma und der Lehrlinge keinen Punkt in ihrer Behandlung erkennen konnte, der nach Geiz oder Strenge aussah [...] Ich fragte die Kinder einzeln und erfuhr von ihnen folgende Einzelheiten ihres Speiseplans. Ihr Frühstück besteht aus Milch-Porridge und Brot, soviel wie sie mögen; ihr Abendessen ist genauso. Sechs Tage in der Woche bekommen sie Fleisch zum Abendbrot mit Kartoffeln und Fleischbrühe, soviel wie sie mögen. Es sind getrennte Eß- und Schlafräume für Jungen und Mädchen vorhanden. Die Mädchen haben außerdem ein separates Grundstück zum Spielen. Sie erhalten einmal in vierzehn Tagen saubere Bettücher, saubere Schürzen und Manschetten einmal in der Woche. Die Betten sind sauber und ordentlich, es stehen nicht zu viele in einem Zimmer; drei Kleine schlafen in einem Bett, von den Älteren zwei in einem Bett. Der größte Teil bleibt und verheiratet sich innerhalb der Firma [...]

Wirkung der Arbeit auf Kinder

Insgesamt finden wir in den Beweisstücken, die uns vorgelegt wurden und von denen wir die wichtigsten Punkte darzulegen uns bemüht haben.

Erstens, daß die Kinder in den wichtigsten Industriezweigen im ganzen Königreich genauso lange arbeiten wie die Erwachsenen.

Zweitens, daß die Auswirkungen der Arbeit während dieser Stunden in einer großen Zahl von Fällen sind: Dauernde Verschlechterung der physischen Konstitution; meist unheilbare Krankheitsfolgen und der teilweise oder vollständige Ausschluß (wegen übermäßiger Erschöpfung) von den Möglichkeiten einer angemessenen Erziehung und dem Erwerb brauchbarer Manieren oder von ihrem Gebrauch.

Drittens, daß in dem Alter, in dem die Kinder diese Verletzung durch die Arbeit, die sie annehmen, erhalten, sie nicht frei handeln, sondern vermietet werden, wobei ihr Verdienst von den Eltern und Vormündern empfangen und angeeignet wird.

Wir sind deshalb der Meinung, daß hier ein Fall vorliegt für die Legislative, wegen der in Fabriken beschäftigten Kinder einzuschreiten.

(aus: Douglas, David C. (Hg.): English Historical Documents. Vol. VII (1): 1883–1874. London 1956. Übersetzt von W. Grütter. Zitiert nach: Tenbrock, R. H. u. a. (Hg.): Zeiten und Menschen. Geschichtliches Unterrichtswerk. Paderborn 1970. Oberstufe. Ausg. G., Bd. 2, S. 241–243.)

at. 6 Das Zwischenglied automatischer Maschinen

Zwei Tage nach meiner Schulentlassung ging mein (erkrankter) Vater mit mir nach einer im nächsten Dorf gelegenen Ziegelfabrik, deren Besitzer, ein Schweizer, zwei Jahrzehnte vorher ein paar bescheidene Schuppen mit Handbetrieb errichtet und jetzt drei riesige miteinander verbundene Gebäude dastehen hatte, in denen neben 60 Erwachsenen 400 jugendliche Arbeiter und Mädchen beschäftigt waren ... Die Natur seines Betriebes machte ihm die erwachsenen Arbeiter ziemlich entbehrlich. Maschinen holten den Ziegelton heran, Maschinen kneteten ihn, Maschinen näßten ihn, preßten ihn und lieferten in je zwei Sekunden dem ‚Presser' die Ziegel auf eine vorgehaltene Holzleiste. Der Presser saß auf einem Stuhl hinter der Presse und gab die Holzleiste mit Ziegeln an einen dreizehnjährigen Jungen weiter. Der Junge machte in einer Sekunde einen meterlangen Satz und legte die Holzleiste auf einen rotierenden Aufzug; dann machte er in der nächsten Sekunde den Satz zurück und nahm die neuen Ziegel in Empfang. Der Presser verdiente durchschnittlich 6 Mark, wenn keine Störungen in der Presse oder bei der Weiterbeförderung vorkamen. Und mit eiserner Strenge sorgte er dafür, daß alles glatt ablief. Am Abend meldeten er und die anderen acht Presser dem Oberaufseher [...] daß sie je 18 000 Ziegel abgenommen hätten [...]

Der Junge erhielt 85 Pfennig Tagelohn bei zehnstündiger Arbeitszeit. Er hatte in dieser Zeit zwischen dem Presser und dem rotierenden Aufzug 36 Kilometer zurückzulegen und hatte 1260 Zentner geformten Ziegelton zu transportieren. Da gabs kein Warten und kein Verschnaufen; er war das Zwischenglied zweier automatischer Maschinen, die das Tempo seiner Sätze regelten; und dann war zur Aufsicht der riesig große, rohe Presser da, der furchtbar schrie, wenn er die Ziegel eine viertel Sekunde länger in der Hand halten mußte. Wenn schließlich die Pause da war, hatte der Junge keinen Hunger und keinen Durst mehr; er war so müde.

Am Abend waren ihm die Knochen wie zerschlagen, und er wußte bald nicht mehr heimzukommen [...] von dem vielen roten Staub wurden seine Hände rot; und rot war, was er spuckte, und er glaubte, es sei Blut, und er müsse sterben [...] Aber er starb nicht; die Augen wurden zwar wie Glas und lagen tief in den Höhlen, und lachen konnte er auch nicht mehr. Wenn er gewaschen war, war er nicht mehr rot, ganz gelbbleich und mager war er. Außer an Ruhe und Sterben dachte der Junge oft gar nichts mehr. Nur hie und da meinte er, wie schön es wäre, wenn er noch in die Schule gehen und singen und lachen könnte. Die Maschine hatte ihn um alles gebracht. In 5 Monaten hatte sie aus einem frohen, helläugigen Kind einen sich nach Tod und Grabesruhe sehnenden Greis gemacht. Der Junge war ich.

(aus: Osterroht, Nikolaus: Vom Beter zum Kämpfer. Berlin 1920, S. 49 ff. Zitiert nach Bradtke, Dieter: die Industrielle Revolution in Deutschland. Stuttgart 1985, S. 44.)

Mat. 7 Fabrikbesichtigung (1834)

Aus dem Reisebericht des Regierungsrates Keller an den preußischen Staatsminister v. Altenstein vom 1. Februar 1834

Zuletzt gedenke ich unter den Aachener Fabriken noch der sehenswerten Kratzenfabrik des Herrn (Professors) Möller [...] Die Kratzen und Schrobbeln werden in vielen anderen Fabriken gebraucht, besonders in Woll- und Baumwollmanufakturen; ihre Anfertigung ist eine sehr delikate Arbeit, deren Einzelheiten sehr feines Gefühl in den Fingerspitzen voraussetzen, da der Draht, der auf ein sehr dickes Leder so dicht nebeneinandergesteckt wird, daß das Ganze einer eisernen Bürste gleicht, sehr fein ist und dazu erst besonders vorbereitet werden muß. Die delikatesten Arbeiten können nur Kinder, und zwar nur Kinder weiblichen Geschlechts, verrichten. Die Arbeit ist nicht ungesund. Allein das wenige Einerlei läßt die Kinder doch für die Zukunft ohne Aussicht und Rücksicht. Denn in allen diesen Fabriken tritt der Mißstand hervor, daß die in ihnen beschäftigten Kinder weiter nichts lernen, als was zu der einzelnen, in der Fabrik ihnen anvertrauten Verrichtung, die in den seltensten Fällen ein Ganzes für sich bildet, gehört. Mögen sie es in dieser einzigen Verrichtung auch noch so weit bringen, so bleibt doch immer gewiß genug, daß sie untüchtig sind, etwas anderes zu beginnen, ohne dieselben Stufen von Vorbereitung dazu von vorne anzufangen. Glücklich genug, wenn sie den vollen Gebrauch ihrer fünf Sinne behalten haben und nicht durch und durch wurmstichig an Leib und Seele geworden sind [...]

Von da eilte ich nach Gladbach, wo ich [...] durch den Kreissekretär mich durch die interessantesten Fabriken geleiten ließ. Am auffallendsten war mir das Gebäude und die Einrichtung der Spinnereien der Gebrüder Busch, die eher einer Mördergrube als einer Fabrik gleichsieht. Die Säle sind so niedrig, daß man unwillkürlich mit gebücktem Kopfe durch sie hindurch schreitet, weil man besorgt ist, an die Decke zu stoßen, was denn doch nicht möglich ist; so überfüllt, daß man angsthaft seine Kleidungsstücke zu wahren hat, um nicht bei der geringsten [...] Bewegung hier ein Tuch, dort einen Rockzipfel der Maschine preiszugeben und von ihr zerfetzen zu lassen; die Luft in den Sälen und die Wände sind mit dem Schmutze des zu verarbeitenden Materials und den faserigen Partikelchen des Stoffes ganz angefüllt und überkleidet; die Kinder dementsprechend wahre Gebilde des Jammers, hohläugig und bleich wie der Tod. Ich machte die erwähnten Übelstände gesprächsweise bemerklich. Der Kreissekretär sprach aber so leise, als wären wir hier die Schuldigen, die sich zu schämen hätten.

(aus: Bradtke, Dieter: die Industrielle Revolution in Deutschland. Stuttgart 1985. S. 44).

Anhang

Anmerkungen

[1] Nadolny, Sten: Netzkarte. Roman. München 1984, S. 160.
[2] Vgl. Überhoff, Thomas: Sten Nadolny (1986). In: Kritisches Lexikon zur deutschen Gegenwartsliteratur. Hrsg. von Heinz Ludwig Arnold. München 1978, S. 2.
[3] Vgl. insbesondere: Geiser, Christoph: Der eigene Kopf und die fremden Ideen. In: Süddeutsche Zeitung v. 12. 10. 1983; Hinck, Walter: Wider das hektische Zeitalter. In: Frankfurter Allgemeine Zeitung v. 11. 10. 1983; Ortheil, Hanns-Josef: Ein Gespött der hastigen Leute. In: Der Spiegel v. 7. 11. 1983; Campe, Joachim: Aussteiger und Zivilisation. In: Frankfurter Rundschau v. 22. 10. 1983. Kritischer: Greiner, Ulrich: Schnell wie die Sonne. In: Die Zeit v. 16. 8. 1983.
[4] Ein Roman von Peter Handke, erschienen 1972.
[5] Ortheil, Hanns-Josef: Ein Gespött der hastigen Leute. In: Der Spiegel v. 7. 11. 1983, S. 250–253, 253.
[6] Puhl, Widmar: Der Triumph der Schildkröte. In: Rheinischer Merkur. Christ und Welt v. 14. 10. 1983.
[7] Ortheil 1983 (Spiegel).
[8] Campe, Joachim: Aussteiger und Zivilisation. In: Frankfurter Rundschau v. 22. 10. 1983.
[9] m. v.: Eine Zeit ohne Stunden und Tage. In: Neue Züricher Zeitung v. 21. 10. 1983.
[10] Stadelmaier, Gerhard: Die verschenkte Langsamkeit. In: Stuttgarter Zeitung v. 11. 10. 1983. Ich verzichte an dieser Stelle auf eine Auseinandersetzung mit den Thesen der Literaturkritik. Vgl. dazu die Interpretation unter Pkt. 3.
[11] Schirnding, Alexander v.: Du mußt mit dem Sieg rechnen. Von Türken und Deutschen. In: Süddeutsche Zeitung v. 13. 1. 1990.
[12] Ebd.
[13] Traub, Rainer: Ein türkischer Winnetou. In: Der Spiegel 2/1990, S. 153–155.
[14] Thibaut, Matthias: Im Augiasstall der Welt (zu: *Ein Gott der Frechheit*). In: Frankfurter Rundschau v. 5. 10. 94 (Literatur-Rundschau, S. B11).
[15] Ebd.
[16] Winkels, Hubert: Teufel komm raus (zu: *Ein Gott der Frechheit*). In: Die Zeit v. 30. 9. 94. Der Roman erschien nach Redaktionsschluß und kann deshalb hier nur am Rande Beachtung finden. Zu aktuellen Rezensionen vgl. das Literaturverzeichnis.
[17] Das Erzählen und die guten Absichten. Münchener Poetikvorlesungen im Sommer 1990. Eingeleitet von Wolfgang Frühwald. München, Zürich 1990.
[18] Nadolny 1990 b, S. 59.
[19] Ebd., S. 44.
[20] Ebd., S. 45.
[21] Mitgemeint sind selbstverständlich immer auch alle ‚Autorinnen'. Ich verzichte jedoch aus sprachökonomischen Gründen darauf, die weibliche Pluralform hinzuzufügen.

[22] Neben Nadolny sind in diesem Zusammenhang z. B. zu nennen: Alois Brandstetter, Hans Christoph Buch, Peter Handke, Ludwig Harig, Wolfgang Köpf, Hermann Lenz, Peter Sloterdijk und Uwe Timm.

[23] Vgl. Eco, Umberto: Nachschrift zum *Namen der Rose.* München 1986, S. 86.

[24] Im Sinne einer Arbeitsdefinition läßt sich der Begriff *Historischer Roman* für die Zwecke der vorliegenden Arbeit wie folgt bestimmen:
Der historische Roman ist ein Sprachkunstwerk vom Typ Roman, dessen Spezifikum darin liegt, daß es historisch authentische Personen und/oder Tatsachen in einen literarisch-fiktionalen Rahmen integriert.
Um nicht alle Werke, in denen am Rande, etwa in Form eines Rückblicks, auf Geschichte angespielt wird, als historische Romane behandeln zu müssen, scheint die Einführung einer Zusatzbedingung sinnvoll. Demnach wäre nur dann von einem historischen Roman zu sprechen, wenn das Interesse an der Geschichte als primäres zu erkennen ist, wenn die Präsentation historisch referentialisierender Ereignisse, Strukturen und Personen sich als wesentliches Darstellungsprinzip erweist. Damit diese Arbeitsdefinition sinnvoll angewendet werden kann, muß geklärt werden, wo die Grenze zwischen der Gegenwart und der Geschichte und damit zwischen den Objektbereichen *Zeitroman* und *Historischer Roman* zu ziehen ist. Der dominierenden Auffassung in der Forschung folgend, betrachten wir in diesem Zusammenhang jene Texte als historische Romane, die den in der Arbeitsdefinition dargelegten Bestimmungen genügen, und für die darüber hinaus eine temporale Distanz zwischen Publikationsdatum und dargestellter Zeit von mindestens zwei Generationen, d. h. sechzig Jahren zu konstatieren ist. Werke, für die ein zeitlicher Abstand zwischen Romanpublikation und behandeltem Zeitraum von weniger als zwei, jedoch mindestens einer Generation (dreißig Jahre) auszumachen ist, gelten, bei fließenden Grenzen, als besondere Klassen von Texten, für die sich die Bezeichnung *Zeitgeschichtsroman* anbietet. Vgl. Kohpeiß, Ralph: Der historische Roman der Gegenwart in der Bundesrepublik Deutschland. Ästhetische Konzeption und Wirkungsintention. Stuttgart 1993, S. 28 ff.

[25] Vgl. etwa: Franz Thieß: *Caruso in Sorrent* (1946); Marianne Langewiesche: *Die Bürger von Calais* (1949); Kasimir Edschmid: *Wenn es Rosen sind, werden sie blühen* (1950); Leo Weismantel: *Albrecht Dürers Brautfahrt in die Welt* (1950); Henry Benrath: *Der Kaiser Otto III.* (1951); Werner Bergengruen: *Der letzte Rittmeister* (1952); *Die Rittmeisterin* (1954); Gertrud von Le Fort: *Am Tor des Himmels* (1954). *Der Turm der Beständigkeit* (1957). *Die letzte Begegnung* (1959), Erik Reger: *Raub der Tugend* (1954) und Reinhold Schneider: *Die silberne Ampel* (1956). Die meisten dieser Werke zielten darauf, in einer Zeit des Zweifelns und der Resignation über den Rückgriff auf eine christlich gedeutete Geschichte geistigen Halt, Lebenshilfe und Trost zu finden und zu geben, womit sie den Bedürfnissen eines großen Leserkreises entgegenkamen.

[26] Der jeweils ersten Nennung eines historischen Romans ist das Erscheinungsdatum hinzugefügt.

[27] Die Autoren der ‚Inneren Emigration', die zwischen 1933 und 1945 in Deutschland blieben, versuchten insbesondere mit historischer Belletristik dem nationalsozialistischen ‚Blut-und-Boden-Mythos' ein anderes, meist christliches Geschichts- und Menschenbild entgegenzusetzen. Zu den bekanntesten Autoren der ‚Inneren Emigration', die bald nach dem Ende des Krieges wieder (historische Romane)

publizierten, gehörten Werner Bergengruen, Gertrud von Le Fort und Reinhold Schneider (vgl. auch die vorausgegangene Anmerkung).

[28] Vgl. B. Balzer, H. Denkler, H. Eggert, G. Holz: Die deutschsprachige Literatur in der Bundesrepublik Deutschland. Vorgeschichte und Entwicklungstendenzen. München 1988, S. 242.

[29] Plessen, Elisabeth: Über die Schwierigkeit, einen historischen Roman zu schreiben. (Am Beispiel Kohlhaas). In: Deutsche Literatur in der BRD seit 1965. Hrsg. v. P. M. Lützeler u. E. Schwarz. Königstein/Ts. 1980, S. 195–201, S. 195.

[30] Die Geliebte Christian Friedrich Hebbels.

[31] Historisch-biographische Romane und Biographien erschienen über Jean Paul (Günter de Bruyn*, 1975), Friedrich Gottlieb Klopstock (Peter Rühmkorf, 1975), Friedrich Hölderlin (Peter Härtling, 1976; Gerhard Wolf*, 1976), Walter von der Vogelweide (Peter Rühmkorf, 1975: Eberhard Hilscher*, 1976), Oswald von Wolkenstein (Dieter Kühn, 1977), Wolfgang Amadeus Mozart (Wolfgang Hildesheimer, 1977), Gottfried Keller (Walter Muschg, 1977), Franz Schubert (Hans J. Fröhlich, 1978), den Prinzen von Homburg (Herbert Rosendorfer, 1978), Jean Jacques Rousseau (Ludwig Harig, 1978), Elise Lensing (Sibylle Knaus, 1979), Hans Kohlhase (Elisabeth Plessen, 1979), Eduard Mörike (Hermann Lenz, 1981; Peter Härtling 1982), John Franklin (Sten Nadolny, 1983), Johann Sebastian Bach (Martin Stade*, 1985), Jakob Michael Reinhold Lenz (Sigrid Damm*, 1985), Friedrich II. von Hohenstaufen (Horst Stern, 1986), Gabriele d'Annunzio (Hermann Peter Piwitt, 1986), Wilhelm Waiblinger (Peter Härtling, 1987), Cornelia Goethe (Sigrid Damm*, 1987) und Hannibal (Giesbert Haefs, 1989). Historische Biographien über einen fiktiven Helden schrieben Wolfgang Hildesheimer (*Marbot*, 1981) und Patrick Süskind (*Das Parfum*, 1985). (Die mit einem * gekennzeichneten Autoren publizierten ihre historischen Romane in der DDR.)
Im Drama der siebziger Jahre zeigt sich ein ähnlich starkes Interesse an Lebensläufen historischer Personen, insbesondere an Dichterbiographien; etwa bei Peter Weiss (*Hölderlin*, 1971/73), Gaston Salvatore (*Büchners Tod*, 1972), Tankred Dorst (*Eiszeit*, 1973, über Knuth Hamsun) und Rolf Hochhuth (*Tod eines Jägers*, 1976, über Ernest Hemingway). Anders als die historisch-biographischen Romane der siebziger und achtziger Jahre stehen die genannten Dramen jedoch noch sehr stark im Kontext der Politisierung, die die Literatur im Zuge der Apo-Bewegung in der zweiten Hälfte der sechziger Jahre erfahren hatte.

[32] Eine umfassende Darstellung zum historischen Roman der Gegenwart findet sich in meiner Dissertation, an der sich die vorliegende knappe Skizze orientiert. Vgl. Kohpeiß, Ralph: Der historische Roman der Gegenwart in der Bundesrepublik Deutschland. Ästhetische Konzeption und Wirkungsintention. Stuttgart 1993. Vergl. auch: Ders.: Wie ein Phönix aus der Asche. Die Entwicklung des historischen Romans nach 1945. In: Brauneck, Manfred (Hrsg.): Der deutsche Roman nach 1945. Bamberg 1993, S. 235–261.

[33] Vgl. Plessen, Elisabeth: Fakten und Erfindungen: zeitgenössische Epik im Grenzgebiet von fiction und nonfiction (1971). Frankfurt/M., Berlin, Wien 1981 und Buch, Hans Christoph: Ut Pictura Poesis. Die Beschreibungsliteratur und ihre Kritiker von Lessing bis Lukács. München 1972.

[34] Benutzt wurde folgende Ausgabe: Timm, Uwe: Morenga. Köln 1978.

[35] Peter Härtling: Hölderlin. Darmstadt/Neuwied 1976.

[36] Zu nennen sind in diesem Zusammenhang unter anderem die historischen Romane von Ludwig Harig (Rousseau 1978), Gerhard Köpf (Die Erbengemeinschaft, 1987) Elisabeth Plessen (Kohlhaas 1978), Peter Sloterdijk (Der Zauberbaum, 1985) und Uwe Timm (Morenga, 1978).
[37] Verwiesen sei hier auch auf die Montageromane über den Kolonialismus von Hans Christoph Buch (*Die Hochzeit von Port-au-Prince*) und Uwe Timm (*Morenga*).
[38] Nadolny 1990 b, S. 59.
[39] Ebd., 124.
[40] Sloterdijk: Kritik der zynischen Vernunft. 2 Bde. Frankfurt/M. 1983, Bd. 1, S. 10.
[41] Dies gilt meiner Ansicht nach nicht für *Die Begegnung* von Hermann Lenz. Zwar kann auch Lenz' Wilhelm wegen seiner Sensibilität und Aufrichtigkeit als positive Figur gelten; Resignation, Fatalismus und Defätismus überwiegen in der Charakterisierung dieses historischen Protagonisten jedoch so stark, daß die Figur kaum als Hoffnungsträger zu bezeichnen ist.
[42] Vgl.: Brecht, Bertolt: Notizen über realistische Schreibweise. In: Ders.: Ges. Werke. Frankfurt/M. 1967, Bd. 19, S. 349–373; Jens, Walter: Plädoyer für die abstrakte Literatur. In: Texte und Zeichen, 1. Jg. (1955). H. 4, S. 505–515; Kracauer, Siegfried: Die Biographie als neubürgerliche Kunstform. In: Ders.: Das Ornament der Masse. Frankfurt/M. 1963, S. 75–80; Robe-Grillet, Alain: Der ‚Held' des Romans und die Erzählform. Bemerkungen über einige Wesenszüge des herkömmlichen Romans. In: Akzente, 5. Jg. (1958), S. 25–33.
[43] Diese Zweiteilung versteht sich nicht als Typologie der Gattung insgesamt, sondern nur als heuristische Kategorie.
[44] Eine Sonderstellung nimmt der betont traditionell erzählte Roman *Das Parfum* von Patrick Süskind ein.
[45] Vgl. Kohpeiß (1993 a), S. 40 ff.
[46] Kant, Immanuel: Beantwortung der Frage: Was ist Aufklärung? (1783). In: Ders.: Werke in zehn Bänden. Hrsg. von Wilhelm Weischedel. Bd. 9. Schriften zur Anthropologie, Geschichtsphilosophie, Politik und Pädagogik. Erster Teil. Darmstadt 1983, S. 53–61, 53.
[47] Die Entfaltung der thematischen Aspekte ist eng an die Darstellung von Franklins Lebensweg geknüpft. Ihre Behandlung ist deshalb zunächst in Kapitel 3.2 ‚Grundelemente der Handlung und Charakterisierung des Protagonisten' eingebunden, das die Entwicklung des Helden im Vollzuge der Handlung und vor der Folie der historischen Überlieferung darzulegen sucht. Im zusammenfassenden Kapitel 3.4 ‚Zur zentralen Thematik des Romans' werden die Ergebnisse aus Kapitel 3.2 erneut aufgegriffen, interpretiert und bewertet.
[48] Die innerhalb des Kapitels 3.2 in Klammer gesetzten Ziffern verweisen auf die Standardbiographie zu John Franklin von Roderic Owen, The Fate of John Franklin, London 1978.
[49] The Dictionary of National Biography. From the Earliest Times to 1900. Founded in 1882 by George Smith. Edited by Sir Leslie Stephen and Sir Sidney Lee. Published since 1917 by the Oxford University Press, S. 633.
[50] Vgl. ebd., 630 f.
[51] Vgl. ebd., 634.

[52] Vgl. Fitzpatrick, Kathleen: Sir John Franklin in Tasmania (1837–1843). Melbourne 1949, S. 358 ff.
[53] Vgl. The Dictionary of National Biography, 634.
[54] Vgl. ebd., 635 ff.
[55] Vgl. Beattie, Owen/John Geiger: Der eisige Schlaf. Köln 1989.
[56] Vgl. The Dictionary of National Biography, 636.
[57] Die in Klammern gesetzten Ziffern verweisen auf die Seitenzahl, unter der die zitierten Passagen in Nadolnys Roman zu finden sind. Benutzt wurde folgende Ausgabe: Nadolny, Sten: Die Entdeckung der Langsamkeit. 1. Aufl., München 1983.
[58] Mitgeteilt wird lediglich, daß John ein schwerer, kräftiger Mensch ist (41, 63, 268, 291), daß er nach einer Kriegsverletzung eine Stirnnarbe davonträgt (149 f., 320) und im Alter eine Glatze hat (320).
[59] Owen 1978, 23.
[60] Vgl. Owen 1978, 97, 141, 176, 193, 246.
[61] Vgl. ebd., 141.
[62] In seiner Münchener Vorlesung beruft Nadolny sich in diesem Zusammenhang auf „die Souveränität und Verantwortung des Erzählers [...], der entscheidet, was er vom Vorgefundenen erzählt und was er wegläßt." Vgl. Nadolny, Sten: Das Erzählen und die guten Absichten. Münchener Poetikvorlesungen im Sommer 1990. Eingeleitet von Wolfgang Frühwald. München, Zürich 1990, S. 53.
[63] Vgl. Owen 1978, 46 ff.
[64] Vgl. ebd., 46 ff.
[65] Vgl. ebd., 47.
[66] Vgl. ebd.
[67] Vgl. Owen 1978, 189 ff.; The Dictionary of National Biography, 631 f.
[68] Vgl. Owen 1978, 97 ff.; The Dictionary of National Biography, 630 f.
[69] Vgl. Owen 1978, S. 177.
[70] Vgl. dazu Pkt. 3.3.2 ‚Die Gouverneurszeit in Van Diemen's Land'.
[71] Franklin, John: Narrative of a Journey to the shores of the Polar Sea in the Years 1819, 20, 21, 22. London 1823, S. 421 (26. Sept. 1821) u. 449 ff. („Dr. Richardson's Narrative").
[72] Ebd., 401/2 (7. Sept. 1821) und 409 (14. Sept. 1821).
[73] Ebd., 423 ff. (29. Sept. 1821).
[74] Vgl. ebd., 428 (4. Okt. 1821).
[75] Ebd., 458 (*Dr. Richardsons's Narrative*).
[76] Vgl. ebd., 387 (16. Aug. 1821), 394 (25. Aug.), 397 (26. Aug.), 406 (10. Sept.), 409 (14. Sept.), 412 (15. Sept.).
[77] Vgl. ebd., 391 (17. Aug. 1821).
[78] Vgl. Grümmer, Gerhard: Vorbemerkung. In: Franklin, John: Vorstoß in die kanadische Arktis. Bericht über eine Reise in den Jahren 1819–22. Übersetzt und hrsg. von Gerhard Grümmer. Leipzig 1988. S. 7–14, 10.
[79] Vgl. Grümmer 1988, 214.
[80] Vgl. Owen 1978, 37 ff., 53 ff., 160 ff., 175 ff.
[81] 1837, bei Amtsantritt Franklins, hatte die Insel etwa 42 000 Einwohner. Darunter waren 17 592 Strafgefangene (vgl. Owen 1978, 185).
[82] Vgl. Robson, Leslie Lloyd: A History of Tasmania. Vol. 1. Van Diemen's Land from the Earliest Times to 1955. Melbourne (1983), S. 32 ff.

[83] Vgl. ebd., 161 ff.
[84] Vgl. ebd., 137 ff.
[85] Vgl. Fitzpatrick, Kathleen: Sir John Franklin in Tasmania (1837–1843). Melbourne 1949, 95 ff. u. 222 ff.
[86] Vgl. Owen 1978, 185.
[87] Vgl. Robson 1983, 318.
[88] Vgl. Fitzpatrick 1949, 334 ff.; Robson 1983, 370 ff.; Owen 1978, 183 ff., s.a.u.
[89] „On the main issue [...] there was, however no progress during Franklin's regime." (Fitzpatrick 1949).
[90] Vgl. Nadolnys *Biographische Notiz* im Anhang des Romans.
[91] Vgl. Owen 1978, 141 ff.
[92] Vgl. ebd., 183 f.
[93] Vgl. Fitzpatrick 1949, 219 ff.
[94] Vgl. ebd., 220.
[95] Vgl. ebd.
[96] Vgl. ebd., 219.
[97] Vgl. ebd., 308 ff.
[98] Vgl. ebd., 95 ff. u. 210 ff.
[99] Vgl. Fitzpatrick 1949, 95 f., 214 ff. u. 219 f.; Robson 1983, 370 ff.
[100] Vgl. Fitzpatrick 1949, 334 ff.
[101] Vgl. Owen 1978, 188 ff.
[102] Vgl. ebd., 187.
[103] Vgl. ebd., 186.
[104] Vgl. Fitzpatrick 1949, 250 ff.
[105] Vgl. Owen 1978, 186.
[106] Vgl. Owen 1978, 186 ff., 189 f., 195 f.; Robson 1983, 310 ff.; Fitzpatrick 1949, 250 ff. u. 334 ff.
[107] Vgl. Fitzpatrick 1949, 365 ff.
[108] Ebd., 368.
[109] Vgl. ebd., 365 ff.
[110] Während Franklin sich um ein akzeptables Verhältnis zu den einflußreichen „Arthurites" Foster und Montagu bemühte, protegierte seine Frau offen deren Intimfeind Maconochie. Dieser wohnte mit seiner Familie im Hause der Franklins, eine Tatsache, die nicht nur das Mißtrauen der Arthur-Fraktion weckte, sondern später auch als Vorwand diente, um den Gouverneur in der Presse als gefügiges Werkzeug von Maconochie und Lady Jane hinzustellen (vgl. Owen 1978, 195 ff. u. 214 ff.).
[111] Vgl. ebd., 195 ff.
[112] Überhoff, Thomas: Sten Nadolny (1991). In: Kritisches Lexikon zur deutschen Gegenwartsliteratur. Hrsg. von Heinz Ludwig Arnold. Edition Text und Kritik, München 1978 ff., S. 4.
[113] Vgl. dazu: Becher, Peter: Langeweile und Langsamkeit. Stifterphänomene bei A. Brandstetter (*Die Abtei*), E. Y. Meyer (*Die Rückfahrt*) und S. Nadolny (*Die Entdeckung der Langsamkeit*). In: Vierteljahresschrift/Adalbert-Stifter-Institut des Landes Oberösterreich 36/1987, F. 3/4, S. 43–56.
[114] Das Thema ‚Langsamkeit' ist nicht nur Gegenstand belletristischer Literatur, sondern – in ähnlich zivilisationskritischer Ausrichtung – auch der Philosophie. Zu

nennen sind hier insbesondere die Arbeiten von Paul Virilio. Vgl. etwa *Fahren, fahren, fahren* (Berlin 1978) oder *Revolution der Geschwindigkeit* (Berlin 1993).

115 Diese zeigt sich z. B. in folgender Passage: „Bei dem Wort Ruhm hatte er besonders starke Zweifel. Ruhm: man wollte die bessere Seite sein. Es gab aber keine Sicherheit, wer in einer Schlacht die bessere Seite war." (133)

116 Vgl. Owen 1978, 35.

117 Vgl. ebd., 148.

118 Vgl. ebd.

119 Vgl. unter Pkt. 3.6 *Geschichts- und Menschenbild* die Ausführungen zur Figur des George Back.

120 Vgl. Pkt. 3.6 *Geschichts- und Menschenbild.*

121 Diese bezieht sich auf die Funktion der Figuren als Repräsentanten bestimmter Denk- und Verhaltensmuster. Tritt diese in den Hintergrund wie bei Eleanor in ihrer Rolle als Liebhaberin Franklins, oder wird sie gar wie bei Back aufgegeben, so werden diese Figuren durchaus auch positiv bewertet.

122 Lediglich im 19. Kapitel „Die große Passage" (345 ff.) wird das Prinzip der Einsträngigkeit sporadisch durchbrochen, wenn das Agieren Johns – auf der ‚Erebus' im Polarmeer – und Janes – auf Madeira, den Westindischen Inseln, in New York und London – gegeneinander gesetzt wird.

123 Ganz selten finden sich Passagen, in denen der Blick des Erzählers wie in der folgenden Textstelle über die unmittelbar geschilderte Situation hinausweist: „Starke Schiffe, mit allem versehen, rührige Matrosen, respektable Offiziere, alle furchtlos und gutgelaunt unter dem Kommando eines geduldigen und ganz unbeirrten alten Gentleman, dieses Bild der Expedition blieb stehen vor den Augen der Welt" (344)

124 Der innere Monolog findet sich in der *Entdeckung* nur selten. Am eindeutigsten im Zusammenhang mit folgender Durchhalteparole, die der Protagonist während einer Schlacht an sich selbst richtet: „Ruhig atmen! Achterdeck-Mittelschiffslinie. Den starren Blick auf alles und nichts gerichtet." (139) Vgl. a. S. 254 u. 272.

125 Das Erzählen und die guten Absichten. Münchener Poetikvorlesungen im Sommer 1990. Eingeleitet von Wolfgang Frühwald. München, Zürich 1990.

126 Nadolny 1990 b, S. 25.

127 Greiner, Ulrich: Schnell wie die Sonne. In: Die Zeit v. 16. 8. 1983.

128 Vgl. Ortheil, Hanns-Josef: Ein Gespött der hastigen Leute. In: Der Spiegel v. 7. 11. 1983, S. 250–253; Hinck, Walter: Wider das hektische Zeitalter. In: Frankfurter Allgemeine Zeitung v. 11. 10. 1983; Campe, Joachim: Aussteiger und Zivilisation. In Frankfurter Rundschau v. 22. 10. 1983.

129 Eine Tendenz, die bis hin zu den Kapitelüberschriften, die Inhalte prägnant auf den Begriff bringen, zu beobachten ist.

130 Becher, Peter: Langeweile und Langsamkeit. Stifterphänomene bei A. Brandstetter („Die Abtei"), E. Y. Meyer („Die Rückfahrt") und S. Nadolny („Die Entdeckung der Langsamkeit"). In: Vierteljahresschrift/Adalbert-Stifter-Institut des Landes Oberösterreich 36/1987, F. 3/4, S. 43–56, 49.

131 Schäfer, Lothar: Die langsame Entdeckung. Nachüberlegung zu Sten Nadolny. In: Deutschunterricht 43/1991, S. 45–51, 45.

132 Eine ätzende, eigentlich ungenießbare Flechte, die den darbenden Männern um Franklin während der ersten Landreise in die Arktis als Speise diente.

[133] Vgl. Kohpeiß, Ralph: „Der Wille zur Macht" und der historische Fortschritt. Eine Interpretation zu Lion Feuchtwangers Roman *Die häßliche Herzogin Margarete Maultasch*. In: Sternburg, Wilhelm von (Hg.): Lion Feuchtwanger. Materialien zu Leben und Werk. Frankfurt/M. 1989, S. 113–133, 124 ff.

[134] Mit dem historischen George Back hat die Romandarstellung wenig gemein. Back war nach 1827 Konkurrent Franklins als Bewerber um ein Expeditionskommando. Das Verhältnis zwischen beiden blieb – anders als in der *Entdeckung* – immer sehr kühl. Vgl. Owen 1978, 175 f., 191 f. u. 229 f. und The Dictionary of National Biography, 790 ff.

[135] Vgl. Pkt. 3.5.1 ‚Zur Technik der Figurendarstellung'.

[136] Nadolnys zentrale These ließe sich etwa wie folgt auf den Begriff bringen: Aus der Orientierung am Prinzip Geschwindigkeit resultierten Unfrieden und Gewalt, Selbstentäußerung und sozialdarwinistische Beziehungsmuster. Die Ausrichtung am Prinzip Langsamkeit gemäß dem Beispiel John Franklins hingegen führe zur Humanisierung zwischenmenschlicher Beziehungen, zu Besonnenheit, Offenheit, Toleranz und Frieden.

[137] Eine Figur etwa, die, neben den Protagonisten tretend, die Chance erhalten hätte, ernsthafte Argumente für die Orientierung am Prinzip Geschwindigkeit und Fortschritt vorzutragen, ohne mit dem ersten geäußerten Satz durch erzähltechnische Arrangements geschlagen zu werden, hätte u. a. die wichtige Frage in die Romanwelt einbringen können, wieviel Geschwindigkeit und Fortschritt nötig und vertretbar sind.

[138] Hillmann, H.: Rezeption empirisch (1972). In: W. Dehn: Ästhetische Erfahrung und literarisches Lernen. Frankfurt/M. 1974, S. 219–237, 235.

[139] Spinner, Kasper H.: Wider den produktionsorientierten Literaturunterricht – für produktive Verfahren. Von Positionen und Konzeptionen: Wie Fachdidaktik sich selbst erhält. In: Diskussion Deutsch 18/1987, H. 98, S. 601–611, 610.

[140] Lediglich für den Fall, daß die Anfertigung eines Ergebnisprotokolls für die weitere Arbeit von zentraler Bedeutung ist, findet sich ein Hinweis.

[141] Arbeitsaufträge, Arbeitsfragen und Aufgabenstellungen für die häusliche Arbeit werden drucktechnisch nicht hervorgehoben.

[142] Ggf. können auch einige Einschätzungen und Deutungshypothesen an der Tafel fixiert und von den Schülern notiert werden. So wäre ebenfalls eine Vergleichsgrundlage für spätere Stunden geschaffen.

[143] Vgl. dazu Kap. 1. (Kapitelhinweise ohne weitere Erläuterung verweisen auf das vorliegende Buch).

[144] Inwieweit in diesem Zusammenhang Vorschläge der SchülerInnen eingehen können, hängt von den spezifischen Bedingungen der jeweiligen Arbeitssituation ab. Die folgende Unterrichtskonzeption, die sich auf die oben aufgelisteten Arbeitsthemen und eine Mischung verschiedener Unterrichtsmethoden und Arbeitsformen stützt, ist als Grundmodell zu verstehen, das durch Modifikation den jeweiligen Gegebenheiten angepaßt werden kann.

[145] Vgl. z. B. das XIII. Kapitel in dem Band von Bernhard Schäfers: Soziologie des Jugendalters. Eine Einführung. 5. aktualisierte und überarbeitete Aufl. Opladen 1994, S. 203–218.

[146] Literaturhinweis: In allen gängigen Geschichtslehrwerken für das Gymnasium finden sich knappe Hinweise zur Industriellen Revolution. Stellvertretend sei hier

empfohlen: Mickel, Wolfgang M. (Hg.): Geschichte, Politik und Gesellschaft. Lern- und Arbeitsbuch für Geschichte in der gymnasialen Oberstufe. Bd. 1. Von der Französischen Revolution bis zum Ende des 2. Weltkrieges. Frankfurt/M. 1988.

147 Grundlegende Hinweise zum Stichwort *Nordwestpassage* finden sich bereits in guten Konversationslexika. Umfassende Informationen und anschauliches Bildmaterial bietet der Band von: Lehane, Brendan: Die Nordwestpassage. Time-Life-Bücher, Amsterdam 1982.

148 Vgl. dazu den Artikel *Handwerk* im Schülerduden *Die Geschichte*. Ein Sachlexikon für die Schule. Mannheim 1981.

149 Smith, Adam: Der Wohlstand der Nation. Eine Untersuchung seiner Natur und seiner Ursachen. Aus dem Englischen übertragen und mit einer Würdigung von H. C. Recktenwald. München 1974 (Originalausgabe: An Inquiry into the Nature and Causes of the Wealth of Nations. London 1776.), S. 10–12.

150 Weitere Materialien zum Thema Geschwindigkeit, Fortschritt und Entwicklung finden sich in: Wochenschau für politische Erziehung, Sozial- und Gemeinschaftskunde. 44. Jg. (1993), Nr. 6 (Fortschritt). Vgl. auch Virilio, Paul: Fahren, fahren, fahren. Berlin 1978; Virilio, Paul: Revolution der Geschwindigkeit. Berlin 1993; Whitelegg, John: Transport for a Sustainable Future: the Case for Europe. London 1993; Whitelegg, John: Zeitverschmutzung. In: Fairkehr. Magazin für Umwelt, Verkehr, Freizeit und Reisen 1/1994, S. 21–24; Menne, Ferdinand W.: Verlangsamung als Bedürfnis. Wider den manischen „Fortschritt". In: Frankfurter Hefte/Neue Gesellschaft. August 1986, S. 684–690.

151 Die in Klammern gesetzten Ziffern verweisen auf die Seitenzahlen des Romans, die für die Beantwortung der Frage heranzuziehen sind.

152 Die im folgenden aufgelisteten Vorschläge zur Ergebnissicherung (Tafelanschrieb oder Mitschriften) können (müssen) – je nach Unterrichtssituation – verändert werden. Für Schematisierungen habe ich mich nur in jenen Fällen entschieden, in denen die graphische gegenüber der verbalisierten Darstellung einen Zuwachs an Einsichtsmöglichkeiten zu bieten schien.

153 Nach Petersen 1981 mit geringfügigen Änderungen aus didaktischen Gründen.

154 Auf eine Unterteilung in Themen für Grundkurse auf der einen und Leistungskurse auf der anderen Seite habe ich verzichtet. Jeder Kollege/jede Kollegin möge mit Blick auf die jeweilige Lerngruppe und Unterrichtssituation die passenden Klausurthemen auswählen.

155 Ein „überragendes Mittel gegen die Einsamkeit". Über den Erzähler Sten Nadolny. In: Nadolny, Sten: Das Erzählen und die guten Absichten. München 1990, S. 11–20, 15.

156 Vgl. auch Becher, Peter: Langeweile und Langsamkeit. Stifterphänomene bei A. Brandstetter (*Die Abtei*), E. Y. Meyer (*Die Rückfahrt*) und S. Nadolny (*Die Entdeckung der Langsamkeit*). In: Vierteljahresschrift/Adalbert-Stifter-Institut des Landes Oberösterreich 36/1987, F. 3/4, S. 43–56.

157 Zu nennen sind hier u. a. die Romane von Thomas Bernhard (*Frost*), Peter Handke (*Die Stunde der wahren Empfindung*) und Hermann Lenz (*Andere Tage*) Vgl. auch Meyer, Hans: Außenseiter. Frankfurt/M. 1975.

158 Vgl. Kohpeiß 1993 a und 1993 c.

[159] Vgl. Klotz, Volker: Abenteuerromane. München 1979: Mayer Gerhard: Der deutsche Bildungsroman von der Aufklärung bis zur Gegenwart. Stuttgart 1992.
[160] Vgl. Brauneck, Manfred (Hrsg.): Der deutsche Roman nach 1945. Bamberg 1993.

Literaturverzeichnis

Veröffentlichungen Sten Nadolnys

Literarische Werke

Netzkarte. Roman. München 1981
Die Entdeckung der Langsamkeit. Roman. München, Zürich 1983
Selim oder die Gabe der Rede. Roman. München, Zürich 1990 (= 1990 a)
Ein Gott der Frechheit. Roman. München. Zürich 1994

Wissenschaftliche Arbeiten, Aufsätze, Essays, Feuilletons u. a.

Sten Nadolny. In: Warum sie schreiben wie sie schreiben. Eine kritische Umfrage. Literaturmagazin 19 (1987). Hrsg. von Martin Lüdke und Delf Schmidt. Reinbek 1987, S. 84–85

Über Vicki Baum. In: Begegnungen – Konfrontationen: Berliner Autoren über historische Schriftsteller ihrer Stadt. Hrsg. von Ulrich Janetzki. Frankfurt/M., Berlin 1987, S. 121–13

Das Erzählen und die guten Absichten. Münchener Poetikvorlesungen im Sommer 1990. Eingeleitet von Wolfgang Frühwald. München, Zürich 1990 (= 1990 b)

„Hermes ist eher ein Gott der Schulschwänzer und Entdecker." Ein Gespräch mit dem Erzähler Sten Nadolny über seinen gerade erschienenen Roman *Ein Gott der Frechheit.* In: Frankfurter Rundschau v. 6. 9. 94

Veröffentlichungen zu Werken Sten Nadolnys

Becher, Peter: Langeweile und Langsamkeit. Stifterphänomene bei A. Brandstetter (*Die Abtei*), E. Y. Meyer (*Die Rückfahrt*) und S. Nadolny (*Die Entdeckung der Langsamkeit*). In: Vierteljahresschrift/Adalbert-Stifter-Institut des Landes Oberösterreich 36/1987, F. 3/4, S. 43–56

Behrens, Bolke: John Franklin wollte sein wie die Sonne. In: Stuttgarter Zeitung v. 11. 10. 1983 (zu: *Entdeckung*)

Böttinger, Helmut: Das Buch vom Scheitern. In: Stuttgarter Zeitung v. 12. 4. 1990 (zu: *Selim*)

Bondy, Barbara: Hin und zurück. In: Süddeutsche Zeitung v. 20. 5. 1981 (zu: *Netzkarte*)

Campe, Joachim: Aussteiger und Zivilisation. In: Frankfurter Rundschau v. 22. 10. 1983 (zu: *Entdeckung*)

Eggebrecht, Harald: Du mußt mit dem Sieg rechnen. In: Süddeutsche Zeitung v. 13./14. 1. 1990 (zu: *Selim*)

Engler, Jürgen: Physik und Metaphysik des Erzählens. In: Neue deutsche Literatur. 38. Jg., 9/1990, H. 453 (zu: *Selim*)

Fühner, Ruth: Den Geist des Roman aufs schönste überlistet. In: Frankfurter Rundschau v. 20. 1. 1990 (zu: *Selim*)

Frühwald, Wolfgang: Ein „überragendes Mittel gegen die Einsamkeit". Über den Erzähler Sten Nadolny. In: Nadolny, Sten: Das Erzählen und die guten Absichten, S. 11–20

Geiser, Christoph: Der eigene Kopf und die fremden Ideen. In: Süddeutsche Zeitung v. 12. 10. 1983 (zu: *Entdeckung*)
Greiner, Ulrich: Schnell wie die Sonne. In: Die Zeit v. 16. 8. 1983 (zu: *Entdekkung*)
Hädecke, Wolfgang: Flatternd durch die Lande. In: Stuttgarter Zeitung v. 13. 6. 1981 (zu: *Netzkarte*)
Hinck, Walter: Wider das hektische Zeitalter. In: Frankfurter Allgemeine Zeitung v. 11. 10. 1983 (zu: *Entdeckung*)
Holzer, Konrad: Trauer und heitere Ruhe. Sympathische Langsamkeit. In: Die Presse (Wien) v. 24./25. 5. 1983 (zu: *Entdeckung*)
Isenschmidt, Andreas: Wortreiche Entfernung von den Figuren. In: Neue Züricher Zeitung v. 16. 2. 1990 (zu: *Selim*)
Jacobs, Steffen: Renaissance der Antike. In: Deutsches Allgemeines Sonntagsblatt v. 9. 9. 1994 (zu: *Ein Gott der Frechheit*)
Jäschke, Bärbel: Einer Kindheit auf der Spur. In: Deutsches Allgemeines Sonntagsblatt v. 16. 10. 1983 (zu: *Entdeckung*)
Jaesrich, Hellmut: Wie Franklin viermal in der Arktis scheiterte. In: Die Welt v. 12. 10. 1983 (zu: *Entdeckung*)
Jokostra, Peter: Das Prinzip Geduld. In: Rheinische Post v. 22. 10. 1983 (zu: *Entdeckung*)
Killy, Walter (Hg.): Sten Nadolny. In: Literaturlexikon Bd. 8, S. 329–330
Kohpeiß, Ralph: Der historische Roman der Gegenwart in der Bundesrepublik Deutschland. Ästhetische Konzeption und Wirkungsintention. Stuttgart 1993, S. 147–198 (= 1993 a)
Kohpeiß, Ralph: Vom Nutzen der Langsamkeit in einer hektischen Epoche: *Sten Nadolnys Entdeckung der Langsamkeit*. In: Diskussion Deutsch 24 (1993), H. 134, S. 498–499 (= 1993 b)
Kohpeiß, Ralph: Wie ein Phönix aus der Asche. Die Entwicklung des historischen Romans nach 1945. In: Brauneck, Manfred (Hrsg.): Der deutsche Roman nach 1945. Bamberg 1993, s. 235–261, S. 252-255 (= 1993 c)
Koppenfels, Werner: Sten Nadolny: *Die Entdeckung der Langsamkeit*. In: Arbitrium. Zeitschrift für Rezension zur germanistischen Literaturwissenschaft. München (1985), S. 324–328
Krättli, Anton: Das Lob der Besonnenheit. In: Schweizer Monatshefte H. 11. 1983, S. 946–50 (zu: *Entdeckung*)
Lüdke, Martin W.: Hin und Her. In: Die Zeit v. 1. 5. 1981 (zu: *Netzkarte*)
Magris, Claudio: Verteidigung der Gegenwart. In: The German quarterly 63/1990, S. 390–395 (zu: *Entdeckung*)
Manthey, Jürgen: Am besten nichts Neues. In: Die Zeit v. 6. 4. 1990 (zu: *Selim*)
m. v.: Eine Zeit ohne Stunden und Tage. In: Neue Züricher Zeitung v. 21. 10. 1983 (zu: *Entdeckung*)
Ortheil, Hanns-Josef: Ein Gespött der hastigen Leute. In: Der Spiegel v. 7. 11. 1983, S. 250–253 (zu: *Entdeckung*)
Ploetz, Dagmar: Die Utopien eines Seefahrers. In: Deutsche Volkszeitung (die tat) v. 25. 11. 1983 (zu: *Entdeckung*)
Puhl, Widmar: Der Triumph der Schildkröte. In: Rheinischer Merkur. Christ und Welt v. 14. 10. 1983 (zu: *Entdeckung*)

Quack, Josef: Don Juan auf der Bundesbahn. In: Frankfurter Allgemeine Zeitung v. 13. 3. 1981 (zu: *Netzkarte*)

Reitze, Paul F.: Mit der Netzkarte zu sich selbst. In: Rheinischer Merkur v. 3. 4. 1981 (zu: *Netzkarte*)

Rohde, Hedwig: Korrektur unserer Schnellebigkeit. In: Der Tagesspiegel v. 4. 12. 1983 (zu: *Entdeckung*)

Rohde, Hedwig: Lob der Langsamkeit. Sten Nadolny in Wolffs Bücherei. In: Der Tagesspiegel v. 11. 9. 1983 (zu: *Entdeckung*)

Rohde, Hedwig: Rettung durch Ruhe. In: Saarbrücker Zeitung am Wochenende v. 8. 10. 1983 (zu: *Entdeckung*)

Rüb, Matthias: Verliere den Faden und gewinne die Welt. In: Frankfurter Allgemeine Zeitung v. 24. 3. 1990 (zu: *Selim*)

Rufus, John T.: Forscher Franklin auf den Fersen. In: Welt am Sonntag v. 25. 9. 1983

Schäfer, Lothar: Die langsame Entdeckung. Nachüberlegungen zu Sten Nadolny. In: Deutschunterricht 43/1991, 1, S. 45–51 (zu: *Entdeckung*)

Schirnding, Alexander v.: Du mußt mit dem Sieg rechnen. Von Türken und Deutschen. In: Süddeutsche Zeitung v. 13. 1. 1990 (zu *Selim*)

Schütz, Erhard: Der Gott des glücklichen Funds. In: Der Tagesspiegel v. 28. 8. 94 (zu *Ein Gott der Frechheit*)

Schultz, Uwe: Penibel registriert und kunstfertig eingekreist: das Thema Zeit. Neue Bücher von Johnson, Nadolny, Handke und Wellersdorf. In: Handelsblatt v. 22./23. 3. 1984 (zu: *Entdeckung*)

Stadelmeier, Gerhard: Die verschenkte Langsamkeit. In: Stuttgarter Zeitung v. 11. 10. 1983 (zu: *Entdeckung*)

Stänner, Paul: Deutsch-türkischer Bilderbogen. In: Der Tagesspiegel v. 14. 1. 1990 (zu: *Selim*)

Teichert, Wolfgang: Engagement ade? In: Deutsches Allgemeines Sonntagsblatt v. 12. 7. 1991 (zu: *Das Erzählen*)

Thibaut, Matthias: Im Augiasstall der Welt (zu: *Ein Gott der Frechheit*). In: Frankfurter Rundschau v. 5. 10. 94 (Literatur-Rundschau, S. B11)

Traub, Rainer: Ein türkischer Winnetou. In: Der Spiegel 2/1990, S. 153–155, 154 (zu: *Selim*)

Überhoff, Thomas: Sten Nadolny (1991). In: Kritisches Lexikon zur deutschen Gegenwartsliteratur. Hrsg. von Heinz Ludwig Arnold. Edition Text und Kritik, München 1978 ff.

Weinbörner, Udo: Von Türken und Deutschen, vom Reden und Schweigen. In: Rheinischer Merkur v. 7. 2. 1990 (zu: *Selim*)

Winkels, Hubert: Lob der Tugend. In: Die Zeit v. 7. 6. 1991 (zu: *Das Erzählen*)

Winkels, Hubert: Teufel komm raus (zu: *Ein Gott der Frechheit*). In: Die Zeit v. 30. 9. 94

Zehle, Sybille: Schreiben gegen die Eile. In: Die Zeit v. 14. 12. 1984 (zu: *Entdekkung*)

Literatur zum historischen, literarischen und philosophischen Hintergrund der Entdeckung der Langsamkeit. Sonstige unterrichtsrelevante Literatur

Beattie, Owen/John Geiger: Der eisige Schlaf. Das Schicksal der Franklin-Expedition. Aus dem Englischen von Uta Haas. Köln 1989.

Beechy, Frederick, W.: A Voyage of Discovery towards the North Pole, performed in His Majesty's Ships Dorothea and Trent. London 1843

Bradke, Dieter: Die Industrielle Revolution in Deutschland. Stuttgart 1985

Cyriax, Richard J.: Sir John Franklin's last Arctic Expedition. London 1939: The Dictionary of National Biography: From the Earliest Times to 1900. Founded in 1882 by George Smith. Edited by Sir Leslie Stephen and Sir Sidney Lee. Published since 1917 by the Oxford University Press (Artikel zu John und Jane Franklin, George Back u. a.)

Douglas, David C. (Hrsg.): English Historical Documents Vol. VII (1): 1883–1874. Eyre & Spottiswoode, London 1956

Douglas, David C. (Hrsg.): English Historical Documents Vol. XI: 1783–1832. Eyre & Spottiswoode, London 1959

Fitzpatrick, Kathleen: Sir John Franklin in Tasmania (1837–1843). Melbourne 1949

Franklin, John: Narrative of a Journey to the shores of the Polar Sea in the Years 1819, 20, 21, 22. London 1823

Franklin, John: Narrative of a Second Journey to the Polar Sea in the Years 1825, 26, 27. London 1829

Franklin, John: Vorstoß in die kanadische Arktis. Bericht über eine Reise in den Jahren 1819–22. Übersetzt und hrsg. von Gerhard Grümmer. Leipzig 1988

Gallermeister, Petra: Der historische Roman. In: Formen der Literatur in Einzeldarstellungen. Hrsg. von Otto Knörrich. Stuttgart 1981, S. 160–170

Gell, Edith Mary: John Franklin's Bride, Eleanor Anne Porden. London 1930

Grümmer, Gerhard: Vorbemerkung. In: Franklin, John: Vorstoß in die kanadische Arktis. Bericht über eine Reise in den Jahren 1819–22. Übersetzt und hrsg. von Gerhard Grümmer. Leipzig 1988, S. 7–14

Handke, Peter: Langsame Heimkehr. Frankfurt/M. 1979

Hermes, Eberhard. Abiturwissen erzählende Prosa. Stuttgart 1985

Klotz, Volker: Abenteuerromane. München 1979

Lehane, Brendan: Die Nordwestpassage. Time-Life-Bücher, Amsterdam 1982

McClintock, Leopold: The Voyage of the ‚Fox' in the Arctic Seas. A Narrative of the Discovery of the Fate of Franklin and his Companions. London 1859

Mayer, Gerhard: Der deutsche Bildungsroman von der Aufklärung bis zur Gegenwart. Stuttgart 1992

Menne, Ferdinand W.: Verlangsamung als Bedürfnis. Wider den manischen „Fortschritt". In: Frankfurter Hefte/Neue Gesellschaft. August 1986, S. 684–690

Meyer, Hans: Außenseiter. Frankfurt/M. 1975

Mickel, Wolfgang M. (Hg.): Geschichte, Politik und Gesellschaft. Lern- und Arbeitsbuch für Geschichte in der gymnasialen Oberstufe. Bd. 1. Von der Französischen Revolution bis zum Ende des 2. Weltkrieges. Frankfurt/M. 1988

Das neunzehnte Jahrhundert. 2. Industrialisierung und soziale Frage (= Informationen zur politischen Bildung Nr. 164) Bonn 1988

Owen, Roderic: The Fate of John Franklin. London 1978
Petersen, Jürgen H.: Textinterpretation. In: Gutzen, Dieter u. a.: Einführung in die neuere deutsche Literaturwissenschaft. 4. überarb. Aufl., Berlin 1981, S. 11–123
Robson, Leslie Lloyd: A History of Tasmania. Vol. 1. Van Diemen's Land from the Earliest Times to 1955. Melbourne 1983
Smith, Adam: Der Wohlstand der Nationen. Eine Untersuchung seiner Natur und seiner Ursachen. Aus dem Englischen übertragen und mit einer Würdigung von H. C. Recktenwald. München 1974 (Originalausgabe: An Inquiry into the Nature and Causes of the Wealth of Nations. London 1776.)
Spinner, Kasper H.: Wider den produktionsorientierten Literaturunterricht – für produktive Verfahren. Von Positionen und Konzeptionen: Wie Fachdidaktik sich selbst erhält. In: Diskussion Deutsch 18. Jg. (1987), H. 98, S. 601–611
Thomsen, George M.: Die Suche nach der Nordwestpassage. Der Kampf um den Seeweg durch das Nördliche Eismeer. F. A. Brockhaus, Wiesbaden 1977
Tennbrock, R. H. u. a.: Zeiten und Menschen. Geschichtliches Unterrichtswerk. Oberstufe, Ausgabe G, Bd. 2. Paderborn 1970
Trail, Henry D.: The Life of Sir John Franklin. London 1896
Virilio, Paul: Fahren, fahren, fahren. Berlin 1978
Virilio, Paul: Revolution der Geschwindigkeit. Aus dem Französischen von Marianne Karbe. Berlin 1993
Whitelegg, John: Transport for a Sustainable Future: the Case for Europa. London 1993
Whitelegg, John: Zeitverschmutzung. In: Fairkehr. Magazin für Umwelt, Verkehr, Freizeit und Reisen 1/1994, S. 21–24
Wochenschau für politische Erziehung, Sozial- und Gemeinschaftskunde. 44 Jg. (1993), Nr. 6 (Fortschritt)
Woodward, Frances J.: Portrait of Jane. A Life of Lady Franklin. London 1951
Wright, Noel: The Quest of John Franklin. London 1959

Zeittafel zu Leben und Werk

1942	Geboren am 29. Juli in Zehdenick an der Havel als Sohn des Autorenpaares Isabella und Burkhard Nadolny. Aufgewachsen am Chiemsee in Oberbayern.
1961	Abitur am Humanistischen Gymnasium Traunstein. Anschließend Studium der Geschichte in München, Göttingen, Tübingen und Berlin.
1974–77	Studienreferendar und Studienrat z. A. an der Hans-Carossa-Oberschule in Berlin.
1978	Promotion zum Dr. phil. an der FU Berlin mit einer Arbeit über „Abrüstungsdiplomatie 1932/33. Deutschland im Übergang von Weimar zu Hitler". Danach freier Mitarbeiter bei Film und Fernsehen, u. a. beim Südwestfunk Baden-Baden, SFB, Leonaris Film, TV-50 und Econ-Productions.
1980	Ingeborg-Bachmann-Preis für das Kapitel *Kopenhagen 1801* aus dem zu dieser Zeit noch nicht fertiggestellten Roman *Die Entdekkung der Langsamkeit.*
1981	*Netzkarte* (Roman).
1983	*Die Entdeckung der Langsamkeit* (Roman).
1985	Hans-Fallada-Preis.
1986	Premio Vallombrosa.
1990	*Selim oder die Gabe der Rede* (Roman) und *Das Erzählen und die guten Absichten. Münchener Poetikvorlesungen im Sommer 1990.*
1994	*Ein Gott der Frechheit* (Roman).

Raum für Notizen:

Raum für Notizen:

Raum für Notizen:

Raum für Notizen:

Europa im Unterricht

Dieses zweibändige Lesebuch ist ein Beitrag zum neuen Europäischen Binnenmarkt. Es wird dem Europagedanken, der wesentlicher Bestandteil der Lehrpläne ist, gerecht.

Die Bände sind für die gymnasiale Oberstufe konzipiert und hauptsächlich in den Fächern Englisch, Französisch und Deutsch in allen Bundesländern einsetzbar.

Band 1 ist inhaltlich in Themenkreise gegliedert und enthält ausschließlich Originaltexte des 20. Jahrhunderts.
Die Dreisprachigkeit steht im Vordergrund dieser Literaturreise durch unsere Nachbarländer. Sie wird erweitert durch Primärtexte weiterer wichtiger europäischer Kulturen (Spanien, Portugal, Italien, Polen, Niederlande, Rußland, Tschechische Republik).
Mit dem multilingualen Aspekt wird somit der politisch-kulturellen Annäherung von West- und Osteuropa Rechnung getragen.

Im dazugehörigen **Band 2** finden sich die Übersetzungen der Originaltexte, Kommentare sowie informative Sachtexte.

Oldenbourg